hänssler

KURT SCHERER

Krisen

Reifezeiten
des Lebens

Kurt Scherer ist Pastor i. R. der Evangelisch-methodistischen Kirche. Nach zehn Jahren im Gemeindedienst arbeitete er lange Zeit in der Leitung des ERF, Wetzlar, wo er als stellvertretender Direktor für die Bereiche Seelsorge und Fernsehen verantwortlich war. Kurt Scherer ist Autor von zahlreichen Rundfunkansprachen, seelsorgerlichen Büchern und Publikationen.

hänssler-Taschenbuch
Bestell-Nr. 393.758
ISBN 3-7751-3758-0

Dieses Buch ist bereits in der Reihe EDITION C-Allgemeine Themen, C 363 unter der Bestell-Nr. 58.063 erschienen.

Veränderter Nachdruck
© Copyright 2001 by Hänssler Verlag,
D-71087 Holzgerlingen
Internet: www.haenssler.de
E-Mail: info@haenssler.de
Titelfoto: Archiv Kocherscheidt
Umschlaggestaltung: Daniel Kocherscheidt
Satz: AbSatz, Klein Nordende
Druck und Bindung: Ebner Ulm
Printed in Germany

Inhalt

Vorwort

Wer in eine Krise kommt, kommt in Bedrängnis. Es wird notvoll in seinem Leben. Fragen treiben um. Eine Krise kann gefährlich werden, wenn sie nicht richtig verarbeitet wird, gefährlich für Geist, Seele und Leib. So belastend eine Krise einerseits ist, so liegen in ihr auch Chancen zum Reifen der Persönlichkeit.

Das Wort Krise beinhaltet grundsätzlich positive Aspekte. Es stammt aus dem Griechischen und heißt so viel wie »Scheidung« oder »Entscheidung«. Eine Krise führt in eine Spannung. Diese kann positiv, aber auch negativ verlaufen. Die Frage ist, wie ich ihr begegne, wie ich mich in ihr verhalte, was ich daraus mache. Krisenbewältigung hat also zwei Aspekte.

Mit anderen Worten: Gegenüber Krisen gibt es nur eine Alternative: sie zu überwinden oder an ihnen zu scheitern. Ein Sprichwort der Chinesen sagt: »In einer aussichtslosen Lage habe ich zwei Möglichkeiten: Entweder ich ändere die Lage oder mich selbst.« Es kann m. E. sogar möglich sein, die Lage und sich selbst zu ändern. Denn es gilt immer wieder — in allen Lebensphasen und jede hat ihre Stärken und Schwächen —, altes Land zu verlassen und neues einzunehmen. Die Krise besteht darin, dass man beides verweigert.

Zur Krisenbewältigung gehört, dass man bereit ist, seinen alten Standpunkt zu verändern, um eine neue Perspektive zu bekommen. Ich kann dasselbe Glas als schon halb leer oder noch halb voll betrachten. Ein Wort, das dem schwäbischen Pfarrer Oetinger zugeschrieben wird, drückt dies gut aus. Es ist ein Gebet, eine Bitte zu Gott: »Herr, gib mir die Gelassenheit, Dinge hinzunehmen, die ich nicht ändern kann. Gib mir den Mut, Dinge zu ändern, die ich ändern kann; und gib mir die Weisheit, das eine vom andern zu unterscheiden.« In solch einer Gesinnung können Krisen, Tiefpunkte des Lebens, zu Wendepunkten des Lebens werden. Davon hängen letzten Endes Sinnerfüllung und Lebenshoffnung ab.

Die vorliegenden Beiträge wurden zuerst im Abendprogramm des EVANGELIUMS-RUNDFUNKS ausgestrahlt. Aufgrund des lebhaften Echos und auf Wunsch vieler Hörer liegen sie nun auch gedruckt vor. So kann intensiv — sei es ganz persönlich oder auch in Gruppen — mit diesen Unterlagen gearbeitet werden.

Jetzt, nach fast 10 Jahren, läuft diese überarbeitete Reihe erneut im ERF. Die Reaktionen zeigen, dass die Aussagen an Aktualität nichts verloren haben.

Von Herzen wünsche ich ein gutes Nach-Denken.

Kurt Scherer

Braunfels, im Juli 2001

Krisen —
Reifezeiten des Lebens

Krisen — wohl keinem bleiben sie erspart. Ganz verschiedene Namen können sie tragen:

- Identitätskrise: Wer bin ich? Was will ich? — Zwei Seelen sind in meiner Brust.
- Krisen innerhalb der Lebensphasen, wo es gilt, loszulassen und neu anzufangen.
- Ehekrisen, Familienkrisen — Beziehungen geraten in Spannungen, seelische Verletzungen, Enttäuschungen machen zu schaffen.
- Glaubenskrisen, vielleicht durch unverstandene Wegführungen, so genannte Schicksalsschläge. Da hinein kann auch eine Zeit der Krankheit führen bzw. wenn Krankheit zur Lebenszeit wird.

Wer in eine Krise kommt, kommt in Bedrängnis. Es wird notvoll. Fragen treiben um. Eine Krise kann gefährlich werden, wenn sie nicht richtig verarbeitet wird, gefährlich für Geist, Seele und Leib. So belastend eine Krise einerseits auch ist, so liegen in ihr aber auch Chancen zum Reifen der Persönlichkeit.

Das Wort *Krise* beinhaltet positive Aspekte. Es stammt aus dem Griechischen und heißt soviel wie »Scheidung« oder »Entscheidung«. Eine Krise führt in eine Spannung. Diese kann positiv, aber auch negativ verlaufen. Die

Frage ist, wie ich ihr begegne, wie ich mich in ihr verhalte, was ich aus ihr mache.

Das kann in der Konsequenz heißen: Ich entscheide mich, Verlorenes aufzugeben, loszulassen und mich nicht daran zu klammern; Verluste — auch ungerechterweise erlittene — zu akzeptieren und mich über das Verbleibende zu freuen. Ich stelle mir einmal — möglichst schriftlich — zusammen, was mir geblieben ist, welche Glieder und Sinne gesund und gebrauchsfähig sind, welche Freunde und liebe Menschen ich habe, was ich noch kann und fühle, was ich glaube und hoffe. Wie viel immer es ist — es wird zum Leben reichen, wie die Lebenspraxis vieler von Krisen heimgesuchter Menschen zeigt, die damit zu leben gelernt haben, weil sie ein Ja zu dieser Lebenslage eingeübt haben. Im Ja zum Willen Gottes liegt die Kraft zum Überwinden. Sie ist begründet in dem Wissen, dass denen, die Gott lieben, alle Dinge zum Ausreifen dienen (Röm 8, 28). Das ist Gottes Absicht mit unserem Leben. Mit dieser Absicht in Einklang zu kommen, ist unsere Aufgabe. Gott will die Krisen unseres Lebens zu Reifezeiten unseres Lebens werden lassen, in denen wir wachsen und Frucht tragen. Er benutzt sie, um etwas Gutes an uns zu bewirken, unser Leben zu reinigen und zu heiligen, einen Umdenk- und Aufbauprozess in Gang zu setzen, um uns für sich gebrauchsfähiger zu machen.

Ich benutze in diesem Zusammenhang immer gern das Bild vom Halm mit seinen Knoten. Diese Knoten verleihen dem Halm erst seine Stabilität. Wachstumsphase auf Wachstumsphase kann sich darauf aufbauen. Ja, sie ermöglichen überhaupt erst, dass dieser Halm in Wind und Wetter nicht umknickt. Krisen wollen, mit Gottes- und Menschen-Hilfe, positiv verarbeitet werden. Sie sind solchen Kulminationspunkten, solchen Wachstumsknoten ähnlich. Darauf kann sich Neues aufbauen. Man geht gestärkt aus der Krise hervor, wenn man sein Vertrauen zu Gott nicht wegwirft (Hebr 10, 35.36).

Immer wieder schreiben mir Menschen in Lebens- und Glaubenskrisen oder sie rufen mich an, kommen zu einem Gespräch, um in ihrer Not, ihrem Fragen, ihrem Warum oder Wozu, ihren unverstandenen Lebensführungen, ihrem Kummer, ihren Konflikten einen verständnisvollen Ansprechpartner zu haben, der Zeit für sie hat, der zunächst zuhört, sich bemüht, sie zu verstehen, mit ihnen zusammen nachdenkt, wie es weitergehen könnte; der sich mit ihnen unter ihre Last stellt, sie in der Fürbitte mit ihnen vor Gott trägt; der versucht, bei ihnen zu bleiben, auch dann, wenn er selbst hilflos ist, der mit ihnen Glauben bewähren will.

Bei diesen Gesprächen — ob schriftlich oder mündlich — ist es nicht gut, vom »grünen Tisch« her zu reden. Mitgefühl, Mitleiden — nicht Mitleid —, Zurückhaltung, Einfühlungsvermögen, Schweigen und Reden »zu seiner Zeit« sind gefragt. Und das Ganze in dem Wissen, dass Gottes Wort und Gottes Heiliger Geist die Helfer aus der Krise sind. Sich ihnen zu stellen, ihrem Zuspruch und Anspruch, verschärft oft zunächst die Krise, weil sie zur Entscheidung führen, zur Scheidung, so dass Menschen umdenken und umkehren, einen falschen Weg verlassen und sich auf den richtigen begeben, ihren Standpunkt ändern und so eine neue Perspektive gewinnen.

Für solches Verhalten und Erleben finden wir in der Bibel klassische Beispiele: Sie zeigen, dass Krisen in der Bibel zum »Normalfall« gehören.

Josua. Nach dem Tode Moses soll er das Volk Israel über den Jordan in das Gelobte Land führen. Doch beim Darandenken, was dies für ein Volk ist — widerspenstig und halsstarrig, undankbar und mürrisch, gottlos und ungehorsam —, wird Josua verzagt. Gott sieht das und ermutigt ihn: »Siehe, ich habe dir geboten, dass du getrost und unverzagt seist. Lass dir nicht grauen und entsetze dich nicht; denn der Herr, dein Gott, ist mit dir in allem, was du tun wirst.« Diesem Zuspruch Gottes geht sein Anspruch voraus: »Lass das Buch dieses Gesetzes (also das Wort Gottes) nicht von deinem Munde kommen, sondern betrachte es Tag und Nacht, dass du hältst und tust in allen Dingen nach dem, was darin geschrieben steht. Dann wird es dir auf deinen Wegen gelingen und du wirst es recht ausrichten« (Jos 1, 8.9).

Wir wissen nicht, was im Herzen und Denken Josuas in dieser Krise vor sich ging, nachdem er diese Worte Gottes zu hören bekam. Das Volk war dasselbe geblieben; das vor ihm liegende Land war weiter unbekannt; noch immer war der reißende Jordan zu durchqueren. Die Situation hatte sich nicht geändert, aber seine Einstellung dazu. So gab er den Befehl: »Schafft euch Vorrat; denn nach drei Tagen werdet ihr hier über den Jordan gehen, dass ihr hineinkommt und das Land einnehmt, das euch der Herr, euer Gott, geben wird« (V. 11).

Im Denken des Josua ist eine Veränderung eingetreten: weg vom situationsbezogenen Denken hin zum gottvertrauenden Denken. Gegen den Augenschein, Gottes Wort vertrauend, macht er sich gehorsam auf den Weg. Das ist der Weg aus der Krise. Die Entscheidung ist gefallen.

Halten wir fest:

In Krisen ist es notwendig,
vom situationsbezogenen Denken
zum gottvertrauenden Denken zu kommen!

Elia. Nach seinem Sieg auf dem Karmel wird er durch den Drohbrief der Königin Isebel völlig aus dem Gleichgewicht geworfen. Er ist »fertig« nach Geist, Seele und Leib. Statt in dieser Situation nach Gott zu fragen, läuft er lebensmüde in die Wüste. Dort liegt er unter einem Wacholderstrauch und will sterben. Warum? Weil es nicht so läuft, wie er es sich vorgestellt hat. Seine Erwartungen erfüllen sich nicht. Er verzagt, resigniert. Gott hilft ihm in seelsorgerlicher Langmut zum Umdenken und Neudenken. Er hält ihm keine Strafpredigt, sondern lässt ihn seine Fürsorge in Schlaf, Essen und Trinken erfahren. Er erinnert ihn an die »Wolke von Zeugen«, die auch schon diesen Weg zum Berg Horeb gegangen sind. Er will Elia daran deutlich machen, wie treu und barmherzig er ist, aber auch, wohin man kommt, wenn man eigenwillig Wege geht. In der Stille kommt es dann zu einer neuen Gottesbegegnung (1. Kön 19, 1-18).

Gott nimmt Elia nicht einfach aus der Not heraus; er führt ihn durch die Not hindurch. Als Elia dazu ein Ja findet, von seinen Erwartungen Abstand nimmt, seine Denkweise ändert — Buße tut — und im wahrsten Sinne des Wortes umkehrt, »seines Weges wieder zurückgeht«, wird die Krise bewältigt. Ein Neues beginnt. Neu wird er von Gott in Dienst genommen.

Halten wir fest:
In Krisen ist es notwendig,
seine eigenen Erwartungen dranzugeben
und mit Gottes Absichten in Einklang zu
kommen!

Asaf. Er versteht Gott und die Welt nicht mehr. Nicht dass er an Gottes Existenz zweifeln würde. Nein, das nicht. Er glaubt an Gott, aber er kann sein Handeln nicht mehr begreifen. Er hält sich zu Gott, und ihm geht es schlecht. Die anderen halten sich nicht zu Gott, und ihnen geht es gut. Er kann also durch sein Leben nicht bezeugen, dass es einem gut geht, wenn man sich zu Gott hält. Und da packen ihn die Gottlosen: Was hast du denn davon, wenn du dich zu Gott hältst? Schau, uns geht es gut! Und dir? Asaf kommt so in die Krise, dass er später bekennt: Beinahe hätte ich den Glauben über Bord geworfen. Es fehlte nicht viel.

Seine Glaubenskrise wendet sich, als er seinen Standort wechselt. Er erkennt: Es kommt auf's Ziel an. Nur wer sich zu Gott hält, ist gehalten für Zeit und Ewigkeit. Was hat man, wenn man alles hat, aber Gott nicht zum Heiland und Herrn? Nichts! So bekennt er: »Dennoch bleibe ich stets an dir; denn du hältst mich bei meiner rechten Hand (...) Wenn mir gleich Leib und Seele verschmachtet, so bist du doch, Gott, allezeit meines Herzens Trost und mein Teil...« (Ps 73, 23 f).

Halten wir fest:
In Krisen ist es notwendig,
seinen Standpunkt zu ändern,
um eine neue Sicht zu bekommen.

Auch im Neuen Testament begegnen uns Menschen in Krisen ihres Lebens, von denen wir lernen können, wie wir uns richtig verhalten, wenn wir in Lebens- und Glaubenskrisen kommen.

Paulus. Auch er kennt Lebenslagen, in denen er überfordert ist, in denen er bekennen muss: Ich kann nicht mehr. Ob dies bei den Strapazen der Reise ist, in der Auseinandersetzung mit den Widrigkeiten des Lebens oder auch mit Gemeindegliedern. Es macht schon stutzig, aus seinem Mund zu hören: »Wir waren so fertig, dass wir am Leben verzagten.«

Auch bei ihm vollzieht sich die Entscheidung in seinem Denken. Er lässt uns wissen: »Das geschah aber, damit wir unser Vertrauen nicht auf uns selbst setzen, sondern auf Gott, der die Toten auferweckt« (2. Kor 1, 9). Erst als er Mut zur Schwäche findet, den Mut, zu seiner Lebenslage zu stehen und darin nicht zu verzagen, weil es bei Gott keine hoffnungslosen Fälle gibt, erfährt er, dass Gottes Kraft allemal ausreicht, um in menschlicher Schwachheit zum Ziel zu kommen.

Gottes Kraft und unsere Schwachheit, wenn diese zusammenkommen, daraus schafft Gott ein Neues. Paulus weiß das aus Erfahrung. So kann er sagen: »Wenn ich schwach bin, bin ich stark« (2. Kor 12). Sich in solch grenzenloses Vertrauen einzuüben, und zwar immer wieder neu — man hat es ja nicht auf Vorrat —, heißt, sich letztlich ganz und gar der Gnade Gottes, eben Jesus Christus als dem entscheidenden Faktor, in Krisen aller Art anzuvertrauen.

Halten wir fest:
In Krisen ist es notwendig,
sich nicht auf die eigene Kraft zu verlassen,
sondern sich der Gnade Gottes anzuvertrauen.

Petrus. Auch in seinem Leben gibt es Krisen, als er z. B. den Mund zu voll nimmt (Joh 13, 36-38), auf seine Kraft vertraut, seinen Glauben überschätzt. Was ist das Ergebnis? Er verleugnet Jesus (Joh 18, 16-27). Er versinkt in den Wellen (Mt 14, 22-33). Er resigniert (Joh 21, 3).

Seine Krisen wenden sich zum Guten, als er einen Blickwechsel vornimmt. Er weicht Jesu Augen nicht aus.

Er stellt sich Jesus und — weint. Das ist für ihn heilsam (Mt 26, 69-75). Und als er am Versinken ist, macht er aus seiner Not ein Gebet. Er stellt sich seiner Not und verdrängt sie nicht. Statt auf sie gebannt zu schauen, blickt er auf den, der Herr aller Lebenslagen ist und bleibt: auf Jesus Christus. Dieser Blickwechsel lässt ihn erfahren, dass Jesus nicht mit uns umgeht, wie wir es verdient hätten. Es ergeht Gnade im Recht. Jesus vergibt. Diese Vergebung im Glauben annehmen lässt das Leben neu beginnen, gibt wieder Grund unter die Füße.

Halten wir fest:
In Krisen ist es notwendig,
einen Blickwechsel vorzunehmen:
über Schuld und Not hinwegzuschauen,
sie zu über-sehen und auf Jesus zu blicken,
der rettet und vergibt.

Der verlorene Sohn. Auch dieser junge Mann (Lk 15) zeigt uns, wie man Krisen konstruktiv bewältigt. Durch Eigenwilligkeit kam er in eine sein Leben erschütternde Existenz- und Sinnkrise. Es hatte alles — so meinte er — so gut angefangen: Geld, Freunde, Feste … Und dann eine Pleite nach der anderen. Am Ende stand für ihn fest: »Es geht ohne Gott in die Dunkelheit …« Aufgrund dieser Erkenntnis, weil er sich ihr aufrichtig stellt, wird er weder depressiv noch aggressiv. Er schlägt nicht um sich, sondern in sich! Er denkt um, und er kehrt um! »Da ging er in sich«, so lesen wir in Lukas 15, »und sprach: Wie viele Tagelöhner hat mein Vater, die Brot in Fülle haben, und ich verderbe im Hunger! Ich will mich aufmachen und zu meinem Vater gehen und zu ihm sagen: Vater, ich habe gesündigt gegen den Himmel und vor dir« (V. 17 f.). Und er ging!

Halten wir fest:

In Krisen ist es notwendig,
gewonnene Einsichten umzusetzen,
vom Wissen zum Tun zu kommen.
Daraus folgt ein Neues!

Wo Menschen Gott ihre Wunden zeigen, erfahren sie ein Heilwerden. Wer Gott seine Schuld bekennt, dem wird Vergebung zuteil. Wo wir mit unseren Fragen, unseren Konflikten, unserem Kummer zu Gott kommen, bekommen wir Antwort, Wegweisung und Trost. Das mag nicht immer die Antwort sein, die wir erhofft und erbetet haben, aber das Herz kommt bei Gott zur Ruhe. Es findet Frieden, wenn es sich so Gott anvertraut.

Dieses gottvertrauende Denken gilt es in der Krise zu üben. Wir sind in solchen bedrängenden Lebenslagen nicht allein auf uns gestellt, sondern wir haben den göttlichen »Krisenmanager«, den Heiligen Geist. Wir haben ihn nicht nur zur Seite, er wohnt in uns, um uns zu leiten, zu ermutigen, zu trösten, zu ermahnen und — wo nötig — auch zurechtzuweisen, wieder auf den richtigen Weg zu bringen. Wie er das macht, dafür gibt es kein Rezept, das ist vielfältig.

Paul Gerhardt sagt es in seinem bekannten Lied »Befiehl du deine Wege ...« so: »Weg hast du allerwegen, an Mitteln fehlt dir's nicht. Dein Tun ist lauter Segen, dein Gang ist lauter Licht. Dein Werk kann niemand hindern, dein Arbeit darf nicht ruhn, wenn du, was deinen Kindern ersprießlich ist, willst tun.«

So kann uns z. B. ein seelsorgerlicher Mensch — sozusagen als zeitweiliger »Assistent« des Heiligen Geistes — bei der Krisenbewältigung helfen, indem er sich als Werkzeug Gottes gebrauchen lässt. Dass wir im Gespräch miteinander und mit Gott konkret abwägen, wie es nun weitergeht, wie die Schritte aussehen, und dann auch den Weg im Vertrauen zu Gott gehen oder aber, dass wir auf der Stelle treten — Geduld üben — in dem Wissen, dass Gott unser Vertrauen lohnen wird (Hebr 10, 35 f.).

Dabei will ich nicht verschweigen: Manchen Menschen mutet Gott sehr viel zu. Es ist schwer, hinter den oft unverständlichen Wegführungen Gottes Liebe zu sehen. Dietrich Bonhoeffer schreibt dazu: »Ich glaube, dass Gott aus allem, auch aus dem Bösesten, Gutes entstehen lassen kann und will. Dafür braucht er Menschen, die sich alle Dinge zum Besten dienen lassen.«

Martin Luther, der ja viele Krisen in seinem Leben zu bestehen hatte, sagt: »Die haben mich in die Bibel gejagt, dass ich fleißig gelesen und damit den rechten Verstand erlangt habe.« Einem Menschen in einer schweren Glaubenskrise schreibt er: »Darum, mein lieber Bruder, lerne. Du bist jetzt in einer solchen Schule, da du die Lehre vom Glauben lernen sollst. Nicht spekulativ ..., sondern in der Praxis, in dem Werk. Die Krankheit — und das lässt dich dünken, Gott zürne dir — sind empfindliche Dinge. Der Glaube soll aber nicht an dem hängen, was man empfindet und fühlt, sondern an dem, was unempfindlich ist und unsichtbar. So nun der Satan kommt und will dich bereden, weil Gott dich so bald nicht hört, als du es gerne hättest, er wolle dein gar nicht, da wehre dich wieder und sprich: Das sind Trugschlüsse in Nebendingen, durch das er die Hauptsache, das Wesen selbst, wegnehmen will. Der Teufel wollte mir gerne durch das Ungewisse das Gewisse nehmen, dass ich an Christus glaube, dass er mein Erlöser und Seligmacher sei, das ist die Substanz und das Gewisse, da verlasse ich mich drauf und will dabei beharren, es gerate mit meiner Krankheit und dem Ungewissen, wie der liebe Gott es will ...«

Auch Paul Gerhardt, den ich schon einmal zitierte, war ein in Krisen gereifter Mensch. Er konnte bekennen im Blick auf seinen Gott: »Ihn, ihn lass tun und walten. Er ist ein weiser Fürst und wird sich so verhalten, dass du dich wundern wirst, wenn er, wie ihm gebühret, mit wunderbarem Rat das Werk hinausgeführet, das dich bekümmert hat.«

Wer dies tut, Gott in den Krisen seines Lebens vertraut, tun und walten lässt — auch und gerade gegen den Augenschein —,

— vom situationsbezogenen Denken zum gottvertrauenden Denken kommt,

— seine eigenen Vorstellungen und Erwartungen, wie ihm geholfen werden müsste, wenn ihm geholfen werden soll, drangibt und mit Gottes Absichten in Einklang kommt,

— seinen Standpunkt ändert und so eine neue Sicht von Menschen und Gegebenheiten gewinnt,

— sich nicht auf seine eigene Kraft verlässt, sondern sich der Gnade Gottes — Jesus Christus — anvertraut,

— einen Blickwechsel vornimmt, über Schuld und Not hinwegsieht und auf Jesus, der rettet und vergibt, schaut,

— gewonnene Einsichten umsetzt, vom Wissen zum Tun kommt,

der erfährt, was Paulus als Erfahrung seines Lebens bekennt: »Wir wissen aber, dass denen, die Gott lieben, alle Dinge zum Besten (zum Ausreifen) dienen« (Röm 8, 28).

Mehr über diese und andere Personen der Bibel, ihre Licht- und Schattenseiten, ihr Wachsen, Reifen und Frucht tragen erfahren Sie auf den nächsten Seiten. Dabei spielen folgende Gesichtspunkte eine Rolle:

- Krisen wollen Wachstumsphasen im Glauben einleiten, zur Profilierung der Persönlichkeit beitragen, um von Gott für Gott gebrauchsfähiger gemacht zu werden.
- In Krisen ist es notwendig, zu neuen Erkenntnissen zu kommen, um neue Einsichten zu gewinnen.
- In Krisen ist es notwendig, seine Schuld einzugestehen, um Vergebung zu erlangen.
- In Krisen ist es notwendig, sich vom Alten zu trennen, um ein Neues beginnen zu können.
- In Krisen ist es notwendig, aufgeben zu können, um neu anzufangen.
- In Krisen ist es notwendig, vom Über-mut Abstand zu nehmen, um neu Vertrauen zu üben.
- In Krisen ist es notwendig, nicht über dem Versagen zu verzagen, um es mit Jesus neu zu wagen.
- In Krisen ist es notwendig, vom Schauen-wollen zum Glauben- wollen zu kommen.
- In Krisen ist es notwendig, von der Zwiespältigkeit zur Eindeutigkeit zu kommen.
- In Krisen ist es notwendig, dass die Termine mit Gott Vorrang haben vor den Terminen für Gott.
- In Krisen ist es notwendig, sprechen zu lernen: Ich verstehe dich nicht, aber ich vertraue dir!
- In Krisen ist es notwendig zu erkennen, dass Christsein ein Werden ist, das durch Wiedergeburt und Bekehrung einen Anfang genommen hat und in einem ständigen Prozess auf die Ewigkeit hin reift.

Angefochten —
und bewährt (Asaf)

»Gott ist dennoch Israels Trost
für alle, die reines Herzens sind.
Ich aber wäre fast gestrauchelt mit meinen Füßen;
mein Tritt wäre beinahe geglitten.
Denn ich eiferte mich über die Ruhmredigen,
als ich sah, dass es den Gottlosen so gut ging.
Denn für sie gibt es keine Qualen,
gesund und feist ist ihr Leib.
Sie sind nicht in Mühsal wie sonst die Leute
und werden nicht wie andere Menschen geplagt.
Darum prangen sie in Hoffart
und hüllen sich in Frevel.
Sie brüsten sich wie ein fetter Wanst,
sie tun, was ihnen einfällt.
Sie achten alles für nichts und reden böse,
sie reden und lästern hoch her.
Was sie reden, das soll vom Himmel herab geredet sein;
was sie sagen, das soll gelten auf Erden.
Darum fällt ihnen der Pöbel zu
und läuft ihnen zu in Haufen wie Wasser.
Sie sprechen: Wie sollte Gott es wissen?
Wie sollte der Höchste etwas merken?
Siehe, das sind die Gottlosen;
die sind glücklich in der Welt und werden reich.
Soll es denn umsonst sein, dass ich mein Herz rein hielt

und meine Hände in Unschuld wasche?
Ich bin doch täglich geplagt,
und meine Züchtigung ist alle Morgen da.
Hätte ich gedacht: Ich will reden wie sie,
siehe, dann hätte ich das Geschlecht deiner Kinder
verleugnet.
So sann ich nach, ob ich's begreifen könnte,
aber es war mir zu schwer,
bis ich ging in das Heiligtum Gottes
und merkte auf ihr Ende.
Ja, du stellst sie auf schlüpfrigen Grund
und stürzest sie zu Boden.
Wie werden sie so plötzlich zunichte!
Sie gehen unter und nehmen ein Ende mit Schrecken.
Wie ein Traum verschmäht wird, wenn man erwacht,
so verschmähst du, Herr, ihr Bild, wenn du dich erhebst.
Als es mir wehe tat im Herzen
und mich stach in meinen Nieren,
da war ich ein Narr und wusste nichts,
ich war wie ein Tier vor dir.
Dennoch bleibe ich stets an dir;
denn du hältst mich bei meiner rechten Hand,
du leitest mich nach deinem Rat
und nimmst mich am Ende mit Ehren an.
Wenn ich nur dich habe,
so frage ich nichts nach Himmel und Erde.
Wenn mir gleich Leib und Seele verschmachtet,
so bist du doch, Gott, allezeit meines Herzens Trost und
mein Teil.
Denn siehe, die von dir weichen, werden umkommen;
du bringst um alle, die dir die Treue brechen.
Aber *das ist meine Freude, dass ich mich zu Gott halte*

und meine Zuversicht setze auf Gott den HERRN,
dass ich verkündige all dein Tun« (Ps 73).

Ein Wort dieses Psalms ist ja besonders bekannt: »Dennoch bleibe ich stets an dir, denn du hältst mich bei meiner rechten Hand« (V. 23). Vor allem der erste Teil dieses Verses ist bekannt: »Dennoch bleibe ich stets an dir.« Zitiert ohne den zweiten Teil: »... denn du hältst mich bei meiner rechten Hand«, kann er jedoch problematisch werden. Erst die Zusammenschau lässt die Spannung dieses Wortes fruchtbar werden. Denn dass uns dieses Wort bekannt ist, heißt noch lange nicht, dass wir es wirklich kennen. Immer wieder will es neu buchstabiert, geübt und realisiert sein.

Wenn Asaf bekennt: »Dennoch bleibe ich stets an dir ...!«, dann bringt er zum Ausdruck, was Glaube an Gott ist. Das wird uns bewusst, wenn wir den Psalm mit seinen verschiedenen Aussagen auf uns wirken lassen. Dieses Bekenntnis ist nicht im Handumdrehen entstanden. Es ist das Ergebnis eines Reifeprozesses. Man kann die Stationen, die dazu führen, nicht einfach überspringen. Mir wird das immer wieder deutlich, wenn ich Biografien von Männern und Frauen lese. Denken wir an Paul Gerhardt mit seinen bekannten Liedern, z. B.: »Befiehl du deine Wege ...«, an die Inschrift auf seinem Gedenkstein: »Ein in Satanas Sieb gesichteter Theologe.« Wer den Glauben der Väter leben will, muss auch den Weg der Väter gehen.

Auch die Menschen der Bibel dürfen wir mit ihren Bekenntnissen nicht losgelöst von dem Weg, auf dem sie sie gemacht haben, sehen. Paulus z. B. mit seinem: »Ich vermag alles durch den, der mich mächtig macht (Christus)« (Phil 4, 13), darf nicht losgelöst gesehen werden von seinen anderen Worten: »... dass Bedrängnis Geduld bringt, Geduld aber Bewährung, Bewährung aber Hoffnung, Hoffnung aber lässt nicht zuschanden werden« (Röm 5, 3-5).

»Dennoch bleibe ich stets an dir ...« ist nicht das Bekenntnis eines Mannes, der sich auf sich selbst verlässt, der seinen Glauben als Leistung ansieht, der sagt: Ich habe ein unerschütterliches Gottvertrauen. Ich halte an Gott fest; mag kommen, was will, mir kann nichts geschehen. — Nein, hier spricht jemand, der sich nicht scheut, einzugestehen, dass das Leben derer, die nicht nach Gott fragen und es auf diesem Weg offenbar zu Erfolg, Ansehen, Ehre und Karriere bringen, die dazu noch ein glückliches Familienleben führen und gesund sind — dass diese Gott-losen ihm zu einer schweren Anfechtung werden. Ja, er schämt sich nicht, zuzugeben, dass er beinahe an Gott irregeworden wäre. Beinahe hätte er den Glauben an Gott aufgegeben: »Es fehlte nicht viel, und ich hätte alles aufgesteckt; ich wollte vom dem ganzen frommen Kram nichts mehr wissen« (Ps 73, 2).

Nicht, dass er zweifelt, ob es überhaupt Gott gibt. Diese Art Zweifel geht selten an die Nieren. Er ist nicht vergleichbar mit dem Zweifel, der ihn quält. Ihm ist fraglich geworden, ob sich Gott überhaupt um ihn kümmert, ob Gott etwas an ihm liegt, ob Gott nach ihm fragt. Was hätte sonst all sein Bemühen, Gott in seinem Leben ernst zu nehmen, für einen Sinn, wenn Gott am Ende gar nichts an ihm liegt? Existenziell erdrückend ist seine Not, wenn er auf die Menschen sieht, die ohne Gott leben. Da versteht er Gott einfach nicht mehr.

Sie fragen nicht nach Gott, und es geht ihnen trotzdem gut. Man braucht Gott nicht, um glücklich zu sein. Stimmt das? Das ficht ihn an. Das ist zum Heulen. Sie leben nach ihren eigenen Maßstäben, und das nicht schlecht. Sie bringen es zu etwas. Ja, sie scheuen sich noch nicht einmal, mit Stolz und Verachtung auf die herabzusehen, die nach den Maßstäben Gottes bemüht sind zu leben, die nach seinem Willen fragen. Und das Erschütterndste dabei ist noch: Er kann ihnen am Beispiel seines Lebens gar nicht das Gegenteil beweisen. Er kann nicht demonstrieren, dass es sich mit Gott gut leben lässt. Ihm geht es ja schlecht.

Jeden Morgen neu ist er geplagt: »Ich bin doch täglich geplagt, und meine Züchtigung ist alle Morgen da« (V. 14). Was es war, wissen wir nicht. Depressionen? Die Gedanken im Zusammenhang mit dem Warum? War es Neid? Vergleichsdenken . . .? Jedenfalls: Er leidet Qual. Er meint, es geht nicht mehr. Sein Gottvertrauen ist auf dem Prüfstand. Es stellt sich ihm die Sinnfrage seines Lebens mit Gott. Er ist nach Geist, Seele und Leib angefochten. In seiner ganzen Existenz erschüttert. »Beinahe!«

Was hält Asaf zurück, in das Dunkel der totalen Verzweiflung zu fallen? Er gibt selbst die Antwort: »Dann hätte ich mein ganzes bisheriges Leben sinnlos gemacht, und den Geschwistern der Gemeinde wäre ich in den Rücken gefallen.« — »Hätte ich gedacht: Ich will reden wie sie, siehe, dann hätte ich das Geschlecht deiner Kinder verleugnet« (V. 15). Hätte er also aufgesteckt, hätte er gesagt: »Es hat ja doch alles keinen Sinn mehr, dass ich mich zu Gott halte; der kümmert sich ja doch in keiner Weise um mich«, dann hätte er alle, die im Glauben an Gott lebten und die heute mit ihm ihren Kummer, ihre Krisen und Konflikte meistern, tragen und ertragen, als Fantasten abgeschrieben. Er hätte ihr Leben, das ein Zeugnis für Gottes Tragen, für sein Eingreifen und Führen ist, als eine Lüge hingestellt!

Er hätte den Glauben der anderen als Schwindel hingestellt.

Es ist in der Anfechtung unseres Glaubens tatsächlich eine Hilfe, wenn wir uns klarmachen, dass die vielen Menschen, die ihren Glauben mit Gott lebten und ihn auch heute mit Jesus praktizieren, keine Narren und Fantasten sind.

Da ist z. B. Schwester Gisela, Diakonisse, 43 Jahre alt. Anfang 1981 bekam sie aufgrund von hohem Diabetes ein Bein amputiert. Es ging ihr besser; sie lernte mit Prothese gehen. Doch dann kam ein Schlaganfall. Und Ende 1982 die Amputation des zweiten Beines. Einen Tag davor schrieb mir Schwester Gisela: »Wenn Gott mich für sich transparent machen will, wohlan, dann habe ich ein Ja dazu ...!« Sie ist dann kurze Zeit danach heimgegangen.

Ein solches Zeugnis spricht für sich. Ich meine, wir können uns nicht anmaßen, den Glauben, das »Sich-gehalten-Wissen von Gott« eines solchen Menschen als unreal zu bezeichnen. Wir tun es aber dann, wenn wir annehmen, Gott frage nicht danach, wie es uns geht, er kümmere sich nicht um uns.

Mag sein, dass wir als Betroffene noch in anderer Weise angefochten sind, dass wir sagen: Was hilft mir das unerschütterliche Gottvertrauen anderer. Mir fehlt es ja gerade. Gut, man kann nicht vom Glauben anderer leben, aber man kann daraus Ermutigung erfahren. So erging es auch dem Psalmisten. Er wird dadurch zurückgehalten, sein Gottvertrauen ganz über Bord zu werfen. Zwar begreift er Gott immer noch nicht, vielmehr kommt er immer wieder an diesen Punkt, wo alles auf die Frage hinausläuft: Warum, warum lässt Gott das zu? Ich kann es nicht begreifen (vgl. V. 16.17).

Doch dann berichtet er: »Durch eine ernste Krankheit kam ich endlich einmal aus dem Druck heraus und zum Nachdenken. Zuerst ging mir noch alles durcheinander, dann aber klärte sich beim Überdenken und sinnenden Beten der ganze Wirrwarr meiner Gedanken und Gefühle. Mir fiel ein, dass ja alles aufs Ziel ankommt. Man soll keinen vor seinem Tode glücklich preisen« (nach Wilhard Becker, So nahe ist Gott, Rolf Kühne Verlag, Schloss Craheim). – Mit anderen Worten: »So sann ich nach, ob ich's begreifen könnte, aber es war mir zu schwer, bis ich ging in das Heiligtum Gottes und merkte auf ihr Ende« (V. 16.17). Vielleicht möchten Sie einwenden: Ich kann aber Gott in seinem Handeln nicht begreifen. Doch das sollten Sie nicht zu schnell tun. Denn das Vertrauen auf den lebendigen Gott ist ja kein blindes Sich-Ergeben in ein unbegreifliches Schicksal. Der Glaube schließt das Verstehen nicht einfach aus. Er übersteigt es. Er gibt Weitsicht!

Wenn wir einen Menschen, mit dem uns eine tiefe Gemeinschaft verbindet, überhaupt nicht mehr verstehen, und dieses Missverstehen hält an, und die Liebe erkaltet, steht auch das Vertrauen in Gefahr, wenn man sich nicht mehr sucht. Und wenn ein Mensch Gott überhaupt nicht mehr versteht, wenn er sein Handeln und Führen nicht mehr begreift, diesen Gott, der sich von den Seinen »Vater« nennen lässt, nicht mehr liebt, besteht die Gefahr, dass das Vertrauen, das »mein Gott!« verblasst, dass das Wissen, dass denen, die Gott lieben, alle Dinge zum Besten dienen (Röm 8, 28), verloren geht. Aber auch das Umgekehrte trifft zu: Vertrauen kann fest werden, weil der Angefochtene sich von Gott gehalten weiß.

Wenn das Aufbegehren nicht das Letzte bleibt, sondern einmündet in das Suchen Gottes, in das »*Mein* Gott, *mein* Gott, warum …?«, dann wird diesem Fragen auch Antwort gegeben. Wenn aus dem »Gott, ich verstehe dich nicht mehr« ein »… aber ich vertraue dir« heranreift, geschieht etwas. »Bis dass ich ging ins Heiligtum …« Damit umschreibt der Psalmist die Wende. Gott ist am Wirken. Gott lässt dem angefochtenen Menschen eine Erkenntnis zuteil werden, die ihm ein Aufatmen in seiner bisherigen Qual schenkt. Er ging ins Heiligtum. Da traf ihn Gottes Wort. Es war, als zündete ihm jemand ein Licht an. Er sah klar: »Ich erfasste Gottes heiliges Walten, ich hatte acht auf ihr Ende.«

Es ist ganz wesentlich, dass wir uns viel Zeit gönnen, uns genügend mit Gottes Wort beschäftigen, dass wir die Gemeinschaft mit unserem Herrn nicht vernachlässigen, um Licht, Weisheit, Erkenntnis zu gewinnen über seine Wegführungen und Ziele mit unserem Leben.

»Bis dass ich erfasste Gottes heiliges Walten.« Da wird etwas Schöpferisches von Gottes Geist im Herzen des Menschen bewirkt. Der in seinem Glauben bedrängte Mensch begreift ganz neu — es geht ihm ein Licht auf —, was es bedeutet, wenn Gott zu ihm spricht: Ich bin dein Gott. Ich gebe mich dir, ich schenke mich dir. Hinter dieser Erkenntnis weicht nun alles andere zurück, was bedrängend auf ihn einstürmte und seinen Glauben tödlich treffen wollte.

Die anderen stehen auf schlüpfrigem Boden. Sie fallen, sie stürzen zu Boden — aus der Traum —, »und du hältst sie nicht, denn sie fragen ja nicht nach dir«. Jetzt begreift er. Jetzt erkennt er! Von diesem Standpunkt aus sieht nun alles anders aus. Es gilt bei allen Überlegungen, das Ziel des Glaubens im Auge zu behalten: Wir sind berufen zur ewigen Gemeinschaft mit Gott. Das ist kein Vertrösten auf ein besseres Jenseits. Nein, diese Gewissheit gibt die Kraft, den Weg zu diesem Ziel getrost unter die Füße zu nehmen.

Nun zeigt es sich deutlich, in welchem Maße die Anfechtung die Sicht völlig verzerrt hat. War vorher Auflehnung: »Sie sind nicht in Mühsal wie sonst die Leute und werden nicht wie andere Menschen geplagt«, so kann der Psalmist aufgrund seines neu gewonnenen Standpunktes bekennen: »Ja, Herr, du zahlst nicht sofort aus, was jeder verdient. Ihr böses Handeln wird sich aber einmal auswirken. So ging es den meisten, die dachten, sie könnten machen, was sie wollten. Ein Ende mit Schrecken haben sie genommen.« Der Psalmist durchdenkt seinen Glauben in der Konsequenz vom Ziel her. Das schenkt ihm die neue Perspektive. Während er in seiner Anfechtung nur gesehen hatte, wie sich das Leben der Gottlosen von außen ansah, erkennt er jetzt plötzlich, wie es tatsächlich um sie bestellt ist. Er sieht, wie leer, hohl und nichtig, ja wie sinnlos ein Leben ist, wenn Gott nicht die Mitte, der entscheidende Faktor ist.

Er denkt um, ändert seine Einstellung und erkennt: Was hat der Mensch, wenn er Gott nicht hat? Sein Leben ist wie ein Spuk, wie ein Traum, der plötzlich wieder verschwunden ist. Gott aber will, dass wir bleiben, bleiben in ewiger Gemeinschaft mit ihm. In diesem Wissen wird die Anfechtung überwunden. – Sie wird zum Beweis für Gottvertrauen. Denn wo neu Gottvertrauen ist, wird die Anfechtung besiegt.

Was nun über die Lippen des Beters kommt, ist trotzdem kein Triumphlied des eigenen Glaubens, sondern Lobpreis Gottes, der ihn im Glauben erhalten hat. Er sagt nicht: Fast wäre ich vom Glauben abgefallen, aber dann habe ich mich doch noch an Gott festgehalten. Nein, er bezeugt: Fast wäre ich vom Glauben abgefallen, aber da hat Gott mich gehalten! »Dennoch bleibe ich stets an dir; denn du hältst mich bei meiner rechten Hand, du leitest mich nach deinem Rat und nimmst mich am Ende mit Ehren an!« Oder wie wir es mit anderen Worten auch wiedergeben können: »Jetzt will ich, Herr, konsequenter zu dir stehen, denn ich weiß nun, wie du mich festhältst. Deine Worte sind gut für mich. Bitte verwirkliche deine Wege mit mir, dass ich dein Ziel mit mir erreiche« (Wilhard Becker).

Wir können Gott nicht an der Hand nehmen, dass er uns dahin bringe, wohin wir wollen und wo unsere Wünsche erfüllt werden. Gott aber fasst unsere Hand und hält uns, dass wir nicht am Abgrund der Anfechtung stürzen. Wir dürfen, wir können ihm vertrauen! Immer wieder vertrauen lernen, wie es der Psalmist am Ende bekennt:

»Dennoch bleibe ich stets an dir; denn du hältst mich bei meiner rechten Hand, du leitest mich nach deinem Rat und nimmst mich am Ende mit Ehren an. Wenn ich nur dich habe, so frage ich nichts nach Himmel und Erde. Wenn mir gleich Leib und Seele verschmachtet, so bist du doch, Gott, allezeit meines Herzens Trost und mein Teil. (…) Aber das ist meine Freude, dass ich mich zu Gott halte und meine Zuversicht setze auf Gott den Herrn, dass ich verkündige all dein Tun« (V. 23-28).

Hier wird uns der Schlüssel des Geheimnisses, sich im gottvertrauenden Denken zu bewähren, anvertraut!

Erinnern wir uns, was Asaf mit seinem Psalm eigentlich wollte. Er wollte verkündigen, was Gott tut. »All dein Tun!« Und darum erzählte er uns zunächst, wie er daran litt, dass Gott anscheinend nichts tut. Um nun zu bezeugen: Es ist anders: ER hält fest! Diese Gewissheit ist mein Trost und meine Freude. Wenn ich nur ihn habe!

Geprüft —
und bestanden (Hiob / Hebräer)

»Geduld müsste man haben« — ein Satz, der mir immer wieder begegnet, in Gesprächen und auch in Briefen.

Geduld ist für viele zur Mangelware geworden. Es empfehlen zwar alle die Geduld, aber nur wenige wollen sie üben. So hat man Not, Konflikte zu bewältigen, mit Schwierigkeiten zu leben, Leiden zu ertragen, Leid zu verarbeiten, sich in der Anfechtung zu bewähren.

Geduld will erbeten, errungen, erlitten, erlernt, geübt werden. Und das hängt mit Vertrauen zu Gott, mit Zuversicht und Glauben zusammen.

Damit sind wir bereits mitten in der Thematik.

Im Hebräerbrief, Kapitel 10, Verse 35-36, lesen wir die Ermutigung: »Werft euer Vertrauen nicht weg, welches eine große Belohnung hat. Geduld aber habt ihr nötig, damit ihr den Willen Gottes tut und das Verheißene empfangt.«

Die Menschen, denen diese Ermutigung geschrieben wurde, hatten als Christen Verfolgung und Drangsal erlitten, waren ihrer Güter beraubt worden. Sie hatten erfahren, was es heißt, um Jesu willen zu leiden. Tapfer hatten sie diese Zeit durchgestanden, als Bewährte gingen sie aus diesen Anfechtungen hervor.

Doch nun stehen sie in Gefahr, nachdem keine Veränderung ihrer Lebenslage eingetreten ist und Jesus nicht, wie sie es sich wohl vorgestellt haben, ihre Drangsal beendet

hat, ihr Vertrauen zu ihm wegzuwerfen, das einmal empfangene Heil preiszugeben.

Geht es uns nicht manchmal ähnlich? Wir haben uns
in Stunden der Not und Prüfung bewährt. Als diese
Bewährungszeit aber zu unserer ganzen Lebenszeit zu
werden drohte, also zu unserem Alltag, da schlichen sich
negative Gedanken ein. Zweifel kamen auf: Lohnt es sich
überhaupt? Diese Gedanken wollten so stark werden, dass
sie unser gottvertrauendes Denken aus unserem Herzen
verdrängen wollten.

Es wird gut sein, wenn wir uns klarmachen, dass Gott
unsere Geduld und damit unser Vertrauen zu ihm nicht
strapazieren will. Wenn unser Glaube auf den Prüfstand
kommt, dann geht es um Bewährung unseres Vertrauens,
dann ist da keine böse Absicht Gottes dahinter. Wir sollen
uns daran erinnern: Gott ist treu (1. Kor 10, 13). Er lässt
uns nicht prüfen über unser Vermögen. Oder wie der
Schreiber des Hebräerbriefes wenige Zeilen vor unserem
Wort formuliert: »Gedenkt aber der früheren Tage, an
denen ihr (...) erduldet habt...« Unser Glaube soll also als
erstarkter Glaube aus dieser Prüfung hervorgehen.

Wenn unsere Prüfungszeit anhält oder wir erneut in
sie hineinkommen, geht es darum, Gott rückhaltlos zu
vertrauen, nicht die Hoffnung zu verlieren. »Treu ist er, der
euch ruft; er wird's auch tun« (1. Thess 5, 24). Also auf ihn
schauen, nicht auf die bedrängende Not. Die Anfechtung
ist ja Beweis, dass wir glauben, dass Vertrauen noch da ist.
Also nicht ablassen, verheißungsbezogen zu denken, auch
gegen den Augenschein.

Das ist das allein richtige, von Gott gewollte Verhalten
in der Anfechtung, denn es führt zum Überwinden, lässt
das Vertrauen wieder erstarken. Jetzt nur nicht aufgeben!

Jetzt gilt's: Größer als alle Not ist Gott, und er hat zugesagt: »Ich will dich nicht verlassen und nicht von dir weichen« (Hebr 13, 5).

Dies ist der Glaube, der Geduld wirkt. Geduld im Sinne von Tragkraft. Tragkraft meint: darunter bleiben — also von der Last, die mir auferlegt ist, nicht erdrückt werden noch gegen sie aufbegehren noch sie fliehen, sondern die Kraft haben, ihr standzuhalten, sie zu tragen und zu ertragen. Das gottvertrauende Denken, der an Gott gebundene und ihm ergebene Wille ist es, der diese Kraft gewinnt. Ungeduld zehrt Kräfte auf. Deshalb heißt es: kämpfen, üben. Denn ohne Kampf kein Sieg.

Es geht also bei der Geduld um Ausdauer. »Geduld aber habt ihr nötig ...« Viele Christen besitzen ein gutes Startvermögen, zeigen in besonderen Lebenssituationen auch Gottvertrauen, aber das Durchstehvermögen im Alltag — eben die Geduld — wird dann oft zur Mangelware. Geduld ist eine Geisteshaltung, die Veränderungen und Unsicherheiten, Leid und Tränen, Enttäuschungen und Rückschläge des Lebens annehmen lernt und diese Trübsal in Zuversicht umzuwandeln vermag. Sie bedeutet keineswegs eine passive, ergebene Haltung, die die Erfahrungen des Lebens einfach vorbeifließen lässt. Sie bedeutet die Fähigkeit, Erfahrungen in etwas Wertvolles zu verarbeiten. Geduld lernen wir nur in Bedrängnis und Schwierigkeiten. Das ist ähnlich wie mit dem Eigenwert des Leides ... Ein Betroffener schreibt mir:

»Mit vielen Gesichtern ist mir das Leid schon begegnet. Ich denke an das Leid und den Schmerz in der Krankheit. Seit über 25 Jahren leide ich an einer äußerst schmerzhaften Kriegsverletzung. Ich kenne das Leid in den schweren Wegführungen. Die Gefangenschaft in Sibirien hat mich fertig gemacht. Ich kenne das Leid der Enttäuschungen. Als ich aus der Gefangenschaft nach Hause kam, war ich ein anderer Mensch. Doch meine Gemeinde meinte, es käme der alte K. nach Hause. Man verstand mich nicht.

Heute spüre ich es ganz besonders: Wenn der Leib krank ist, wenn das Herz verwundet und die Seele getroffen ist, dann wird es doch sehr schwer, getrost zu bleiben. Doch dann muss ich daran denken, dass das Leid eine Leiter ist — im Bild gesprochen —, deren oberste Sprossen wir nicht sehen, von denen wir aber wissen, dass sie in den Himmel reichen. Ein jeder von uns trägt sein Kreuz, das seiner Persönlichkeit angemessen ist, diese Leiter hinauf. Manchmal meinen wir, jetzt reicht die Kraft nicht mehr; ich stürze ab. Wir meinen, der Leidenskelch sei übervoll. Und doch: Immer noch geht ein Tröpfchen hinein. Es ist seltsam, dass wir genau die Tonnen ausrechnen können, die ein Eisenbahnzug fasst, ein Schiff oder ein Flugzeug; und doch wissen wir nicht, wie viel Leid die Schultern eines Menschen zu tragen vermögen. Die Tragfähigkeit eines Menschen erweist sich eben doch immer wieder ganz neu im Leid und Leiden. Dann sind wir nämlich ein Kind der Geduld. Wir benötigen sie immer wieder im Verlauf des Tages. Sie ist die Quelle am Morgen, die Ruhe am Mittag, die Flamme am Abend. Die Geduld ist der Seufzer der Erwartung, die Träne der Liebe, das Schweigen des Verzichts, denn Paulus bekennt: ›... dass Bedrängnis Geduld bringt, Geduld aber Bewährung, Bewährung aber Hoffnung, Hoffnung aber lässt nicht zuschanden werden; denn die Liebe Gottes ist ausgegossen in unsere Herzen durch den heiligen Geist, der uns gegeben ist‹ (Röm 5, 3-5).

Geduld ist im Leiden die oberste Tugend, um leben zu können. Dabei ist sie kein passives Verhalten, sondern bewusste Tätigkeit, stärkste Energie. Sie ist ein Faden der Weisheit, der am Tag zum Seil und am Abend zum dicken Tau wird. Nur am andern Morgen ist sie wieder nichts als ein dünner Faden! Doch gerade da gilt es wieder ganz neu, das Vertrauen zu Jesus zu fassen. Die Erfahrung wird nicht ausbleiben, dass Gottes Heiliger Geist den Geduldsfaden wieder stärkt. Diese Erfahrung ist der Grund, dass ich Ihnen schreibe. Ich kann und will sie nicht für mich behalten. Ich will mir immer wieder den Mut erbitten, die im Leiden erfahrene Treue Gottes weiter zu bezeugen, damit andere, denen es ähnlich geht, den Mut finden, der Gegenwart zuzulächeln, wenn sie in der Vergangenheit geweint haben. Nur so können wir das Ziel unserer Berufung, die Ewigkeit bei Gott, erreichen.«

Das Ziel der Bewährung des Vertrauens in Geduld ist also die Belohnung mit dem ewigen Leben. Damit wir die Verheißung empfangen, deswegen sollen wir den Willen Gottes tun; und der Wille Gottes ist, dass wir ihm uneingeschränkt vertrauen. Geduld aber ist dazu notwendig, Geduld entsteht nicht dadurch, dass wir uns zusammenreißen, sondern dadurch, dass wir uns einem Größeren fügen. Unser Wille bleibt damit unter dem Willen Gottes. »Mein Wille gehört meinem Gott, ich traue auf Jesum allein« (W. F. Crafts / Dora Rappard, 1842-1923). So lernen wir, den Willen Gottes zu tun und damit die Verheißung zu empfangen: »Selig ist der Mann, der die Anfechtung erduldet; denn nachdem er bewährt ist, wird er die Krone des Lebens empfangen, die Gott verheißen hat denen, die ihn lieb haben« (Jak 1, 12).

In Geduld leben gelingt uns da, wo wir uns bewusst hinter die Absicht Gottes stellen. Schauen wir auf uns selbst, werden wir sagen müssen: Ich habe keine Geduld! Wo wir aber auf Jesus schauen — »lasst uns (...) aufsehen zu Jesus, dem Anfänger und Vollender des Glaubens«, sagt der Schreiber des Hebräerbriefes —, bleiben wir nicht ohne Geduld. Wir erleben aus der Gemeinschaft mit ihm als Frucht des Heiligen Geistes seine Kraft in unserer Schwachheit, so dass diese Frucht in der Trübsal reift. Diese Geduld Jesu Christi trägt und hält, wo alles hoffnungslos scheint. Darum: »Werft euer Vertrauen nicht weg, welches eine große Belohnung hat. Geduld aber habt ihr nötig, damit ihr den Willen Gottes tut und das Verheißene empfangt.«

Wir dürfen also den Blick aufs Ziel, auf die Herrlichkeit, nicht verlieren. Daher ist es notwendig, an das Ende zu denken (Hebr 10, 37). Der Verfasser des Hebräerbriefes zitiert Habakuk 2, 3. Dort heißt es, dass Gott, wenn sein Volk ihm treu bleibe, wenn es ausharre, seine Verheißung wahr machen werde: Er bringt es zum Ziel.

Auch unser Leben erhält seine Bedeutung aus der Sicht des Endes, der Ewigkeit. Und nur wenn wir bis zum Ende durchhalten, kommen wir auch an dieses Ziel. Diese Hoffnung, Gott zu schauen, wird zur größten Antriebskraft des Glaubens. Da unser Leben der Weg zu Jesus Christus ist, wollen wir nicht auf halber Strecke aufgeben. Weil er uns vorangeht, können wir folgen. Er bringt uns ans Ziel. Daher wollen wir vom Ziel her leben. Der Blick auf das Ziel gibt uns die Kraft, den Weg zum Ziel getrost unter die Füße zu nehmen.

Noch eine andere biblische Gestalt kann uns deutlich machen, was »Geduld üben« bedeutet, was es heißt: Geprüft — und bestanden. Das ist Hiob. Von ihm lesen wir in dem bereits vorhin zitierten Jakobusbrief: »Siehe, wir preisen selig, die erduldet haben. Von der Geduld Hiobs habt ihr gehört und habt gesehen, zu welchem Ende es der Herr geführt hat ...« (5, 11).

Drei Erklärungen anhand des Lebens Hiobs zeigen uns, wie Geduld den gläubigen Menschen in der Nähe Gottes hält:

1. Geduld heißt: Immer wieder im Glauben neu anfangen.

In »Nachfolge Christi« von Thomas a Kempis steht über dem Weg eines Menschen, der nachfolgen will, eine goldene Regel. Sie lautet: »Fang immer neu an!«

Viele Christen verstehen Nachfolge so, dass da ein Anfang ist durch die Wiedergeburt, die Bekehrung, die Entscheidung für Jesus, den Entschluss, ihm nachzufolgen, und dass man dann immer ein Stück dem Ziel näher kommt, bis man schließlich bei Gott ist. Wer Nachfolge nur so versteht, wird Schiffbruch erleiden. Ist Nachfolge nicht ganz anders?! Nachfolge sieht so aus: Da wird von Gott ein Anfang gesetzt, und der Gläubige folgt ein Stück nach. Dann kommt ein Bruch. Und dann kommt ein neuer Anfang. Und dann kommt wieder ein Bruch und dann wieder ein neuer Anfang. Und dann wieder eine Enttäuschung und wieder ein neuer Anfang. Da heißt es: Fang jedes Mal wieder neu an! Der, der Jesus nachfolgt, wird nicht immer heiliger, bis er endlich bei Gott in der Herrlichkeit am Ziel ist. Dieses Denken zerbricht in der Anfechtung, es zerbricht spätestens in der Stunde des Todes.

Einer Grundsatzentscheidung folgen Einzelentscheidungen, und das täglich neu.

Weil Jesus immer neu mit uns anfängt, deshalb können wir immer neu anfangen, ihm nachzufolgen. Dieser sein Neuanfang führt uns zum Ziel, zur ewigen Herrlichkeit. Das hat Hiob erfahren; und wenn Sie sein Buch einmal durchlesen, dann ist es erschreckend und ermutigend zugleich: Er fing immer wieder am Nullpunkt an. Und wenn am Ende eines Lebens dann nur dieser kleine Neuanfang ist, dann erlebt der, der mit diesem kleinen Neuanfang stirbt, was es heißt: gerettet zu sein aus Gnaden, nicht aufgrund eigener Nachfolge.

2. Geduld heißt: Immer wieder neu Gott vertrauen üben.
Auf diesem Hintergrund bekommen wir vielleicht einen ganz neuen Zugang zu dem, was im Hebräerbrief Kapitel 10, 35-36 steht: »Werft euer Vertrauen nicht weg, welches eine große Belohnung hat. Geduld aber habt ihr nötig, damit ihr den Willen Gottes tut und das Verheißene empfangt.«

»Geduld ist die Tochter des Glaubens« (Spurgeon). Geduld ist aktives Handeln. Geduld ist nicht das Ergebnis einer Therapie, sondern Frucht von Gottvertrauen, das ausharrt auch in nichtverstandenen göttlichen Führungen und Fügungen. Geduldige können Gottes Zeit abwarten. Geduld braucht den langen Atem und die beständige Gewissheit: Sie wird mich beharrlich ans Ziel bringen. Paulus sagt es so: »Wir wissen, dass Bedrängnis Geduld bringt, Geduld aber Bewährung, Bewährung aber Hoffnung, Hoffnung aber lässt nicht zuschanden werden« (Röm 5, 3b-5a). Da werden Wachstums- und Reifephasen angesprochen, die aufeinander aufbauen. Nicht das ist schlimm, dass wir versagen, aber wenn wir im Versagen verzagen und mit Jesus es nicht neu wagen.

Hiob hat ausgeharrt in seiner Prüfung, das lesen wir im Jakobusbrief. Trotz aller unverstandenen Wegführungen, die ihn in Bedrängnis und Not brachten, bekennt er:

»Der Herr hat's gegeben, der Herr hat's genommen; der Name des Herrn sei gelobt« (Hiob 1, 21). Er sprach diese Worte wieder an einem Nullpunkt seines Lebens. Dort übte er in Geduld Vertrauen. Sein Vieh ist gestohlen worden, die Knechte erschlagen, seine Söhne und Töchter sind alle umgekommen.

Hiob verschließt nicht die Augen vor diesem Geschehen. Er stellt sich der Wirklichkeit. Er erträgt diese Spannung, hält sie aus. Er übt Gottvertrauen gegen den Augenschein.

Er lässt sich nicht zerreißen von dem, was er sieht, erlebt, erfährt. Seine Haltung ist die: »Herr, ich verstehe dich nicht, aber ich vertraue dir.« Der Geduldige lässt sich nicht in die Verzweiflung treiben, er sieht die Wirklichkeit und hat den Mut, sich ihr zu stellen, zugleich aber auch, Gott alle Möglichkeiten offen zu lassen, zu seiner Zeit zu helfen.

Ob Sie auch die Stunden bzw. Zeiten kennen, in denen Sie denken: So schön sollte es bleiben? Jetzt habe ich es geschafft. Nun bin ich durch. Nun ist der Glaube mein Besitz. — Und bei der nächsten Gelegenheit hat uns dann die Anfechtung, die Versuchung, die Schuld wieder eingeholt. Dieser Situation gilt es sich dann wirklich zu stellen und im Vertrauen zu Gott neu anzufangen und Geduld zu üben in dem Wissen: »Mein Erbarmer lässt mich nicht, dies ist meine Zuversicht« (Karl Bernhard Grave).

3. Geduld heißt: Sich im Glauben immer wieder neu bewähren.

Auch darin ist uns Hiob ein Beispiel, denn auch dann bleibt er bei Gott, als seine Frau zu ihm spricht: »Hältst du noch fest an deiner Frömmigkeit? Sage Gott ab und stirb.«

Er aber antwortet ihr: »Du redest, wie die törichten Weiber reden. Haben wir Gutes von Gott empfangen und sollten das Böse nicht auch annehmen? In diesem allen versündigte sich Hiob nicht mit seinen Lippen« (Hiob 2, 9.10).

Hiob war zwar angefochten, doch er machte aus seiner Not ein Gebet. Wenn einer hindurchbringt in dieser Anfechtung, dann ist es Gott. Das wusste Hiob. Darum klagte er nicht irgendwohin, er wandte sich immer nur an seinen Gott.

Das »mein Gott« — diese Adresse ist wesentlich in der Prüfung. Nicht die Sorge, die Verzweiflung, der Schmerz, die Schuld, die Anklagen, das Nichtverstehen haben Sitz und Stimmrecht in unserem gottvertrauenden Denken, haben das Sagen, sondern die Gewissheit, zu der wir uns immer wieder durchringen können: »Gott sitzt im Regimente und führet alles wohl« (Paul Gerhardt, 1907-1976). Das gilt für uns: Gott ist und bleibt der Herr! So können auch wir Vertrauen gegen den Augenschein üben. Der Gott vertrauende Mensch kann Geduld üben. Das kann der Gott misstrauende Mensch nicht. Sich bewähren kann nur der Geduldige, der weiß: »Es ist aber der Glaube eine feste Zuversicht auf das, was man hofft, und ein Nichtzweifeln an dem, was man nicht sieht« (Hebr 11, 1). Geduld ist also nichts Passives, auch kein Sich- einfach-Ergeben in sein Schicksal; Geduld ist Gottvertrauen, das sich in der Erprobung bewährt. Der in Geduld sich Bewährende macht die Erfahrung, dass ihn Gott nicht über sein Vermögen prüft, sondern ihm Durchstehvermögen schenkt. So kann er bekennen: »Dennoch bleibe ich stets an dir; denn du hältst mich bei meiner Rechten« (Ps 73, 23). Hiob hat das erfahren — auch wir können es erfahren.

Hier nochmals die drei Punkte, die uns seelsorgerliche Hilfe sein wollen, wenn wir uns immer wieder neu daranmachen, Geduld im Vertrauen zu Gott zu üben:

1. Geduld heißt: Immer wieder im Glauben neu anfangen.

2. Geduld heißt: Gott vertrauen immer wieder neu üben.

3. Geduld heißt: Sich im Glauben immer wieder neu bewähren.

Man kann auch sagen: »Fange nie an, aufzuhören; höre nie auf, anzufangen!«

Die Bibel sagt zu unserem Thema »geprüft- und bestanden«:

Sprüche 14, 29: »Wer geduldig ist, der ist weise; wer aber ungeduldig ist, offenbart seine Torheit.«

Sirach 1, 28: »Aber ein Langmütiger kann warten; es kommt die Zeit, in der ihm Freude erwächst!«

Klagelieder 3, 26: »Es ist ein köstlich Ding, geduldig sein und auf die Hilfe des Herrn hoffen.«

Römer 12, 12: »Seid fröhlich in Hoffnung, geduldig in Trübsal, beharrlich im Gebet.«

1. Korinther 13, 4: »Die Liebe ist langmütig ...«

Resigniert —
und neu angefangen (Elia)

Und Ahab sagte Isebel alles, was Elia getan hatte und wie er
alle Propheten Baals mit dem Schwert umgebracht hatte.
Da sandte Isebel einen Boten zu Elia und ließ ihm sagen:
Die Götter sollen mir dies und das tun, wenn ich nicht morgen um diese Zeit dir tue, wie du diesen getan hast! Da
fürchtete er sich, machte sich auf und lief um sein Leben
und kam nach Beerscheba in Juda und ließ seinen Diener
dort. Er aber ging hin in die Wüste eine Tagesreise weit und
kam und setzte sich unter einen Wacholder und wünschte
sich zu sterben und sprach: Es ist genug, so nimm nun,
Herr, meine Seele; ich bin nicht besser als meine Väter.
Und er legte sich hin und schlief unter dem Wacholder.
Und siehe, ein Engel rührte ihn an und sprach zu ihm: Steh
auf und iss! Und er sah sich um, und siehe, zu seinen
Häupten lag ein geröstetes Brot und ein Krug mit Wasser.
Und als er gegessen und getrunken hatte, legte er sich wie-
der schlafen. Und der Engel des Herrn kam zum zweiten-
mal wieder und rührte ihn an und sprach: Steh auf und iss!
Denn du hast einen weiten Weg vor dir. Und er stand auf
und aß und trank und ging durch die Kraft der Speise vier-
zig Tage und vierzig Nächte bis zum Berg Gottes, dem
Horeb. Und er kam dort in eine Höhle und blieb dort über
Nacht. Und siehe, das Wort des Herrn kam zu ihm: Was
machst du hier, Elia? Er sprach: Ich habe geeifert für den
Herrn, den Gott Zebaoth; denn Israel hat deinen Bund

verlassen und deine Altäre zerbrochen und deine Propheten mit dem Schwert getötet, und ich bin allein übrig geblieben, und sie trachten danach, dass sie mir mein Leben nehmen. Der Herr sprach: Geh heraus und tritt hin auf den Berg vor den HERRN! Und siehe, der HERR wird vorübergehen. Und ein großer, starker Wind, der die Berge zerriss und die Felsen zerbrach, kam vor dem HERRN her; der HERR aber war nicht im Winde. Nach dem Wind aber kam ein Erdbeben; aber der Herr war nicht im Erdbeben. Und nach dem Erdbeben kam ein Feuer; aber der HERR war nicht im Feuer. Und nach dem Feuer kam ein stilles, sanftes Sausen. Als das Elia hörte, verhüllte er sein Antlitz mit seinem Mantel und ging hinaus und trat in den Eingang der Höhle. Und siehe, da kam eine Stimme zu ihm und sprach: Was hast du hier zu tun, Elia? Er sprach: Ich habe für den HERRN, den Gott Zebaoth, geeifert; denn Israel hat deinen Bund verlassen, deine Altäre zerbrochen, deine Propheten mit dem Schwert getötet, und ich bin allein übrig geblieben, und sie trachten danach, dass sie mir das Leben nehmen. Aber der HERR sprach zu ihm: Geh wieder deines Weges durch die Wüste nach Damaskus und geh hinein und salbe Hasaël zum König über Aram; und Jehu, den Sohn Nimschis, zum König über Israel; und Elisa, den Sohn Schafats, von Abel-Mehola, zum Propheten an deiner statt. Und es soll geschehen: Wer dem Schwert Hasaëls entrinnt, den soll Jehu töten; und wer dem Schwert Jehus entrinnt, den soll Elisa töten. Und ich will übrig lassen siebentausend in Israel, alle Knie, die sich nicht gebeugt haben vor Baal, und jeden Mund, der ihn nicht geküsst hat (1. Kön 19, 1-18).

»Resignation« — es gibt kaum einen Ausdruck in unserem täglichen Sprachgebrauch, der hoffnungsloser klingt. Wenn wir dieses Wort hören, vermutet kaum jemand dahinter etwas Positives. Und doch ist es so! »Resignation« kommt von dem lateinischen Wort »resignare« und bedeutet: entsiegeln, offenbaren. Demnach beinhaltet es die Chance, zu einer neuen Erkenntnis zu kommen.

Jeder kennt Lebenslagen, in denen er angefochten ist, zu resignieren. Das kann auf verschiedene Weise geschehen:

— Man wirft die Flinte ins Korn und gibt auf! »Hat ja doch keinen Zweck; was soll's; alles egal; bin doch abgeschrieben; alles sinnlos ...« sind entsprechende Formulierungen dafür. Die Sache oder die Beziehung erscheint einem hoffnungslos.
— Man macht trotzdem weiter — nicht selten sogar verbissen —, obwohl man dazu weder Lust hat noch einen Sinn darin sieht. Bewundernswert, aber nicht nachahmenswert! Das gibt eine einzige Krampferei!
— Man kann aber auch in der Anfechtung zur Resignation wirklich »re-signieren«, ohne in der Verzweiflung stecken zu bleiben. Dabei geht es in erster Linie darum, sich selbst und alles, was die Resignation ausgelöst hat, loszulassen; loslassen in die Hände Gottes, der die Fäden zieht. Das ist keine Verantwortungslosigkeit, sondern uneingeschränktes Vertrauen in Gottes Wegführung. Ich nehme meine Vorstellungen, meinen Plan, wie es sein müsste, zurück; ich »re-signiere« und halte Gott ein leeres Blatt hin mit der Bitte: Diktiere du, weise mich ein in deine Vorstellungen, zeige mir deinen Weg mit mir.

Es ist ein Prozess zu durchlaufen, bis solche Erkenntnis einen heilsamen Niederschlag in unserem Leben findet. An der biblischen Gestalt des Propheten Elia will ich das aufzeigen.

Das war eine große Sache auf dem Karmel. Die Entscheidung in der Streitfrage: »Wer ist der Herr: Jahwe oder Baal?«, ist gefallen. Da wagte es dieser eine — Elia —, gegen 450 Baalspriester anzutreten, und behielt den Sieg auf seiner Seite. Es war klar: Ein anderer musste die Fäden gezogen haben. Gott hatte in machtvoller Weise sich bezeugt als ein lebendiger Gott. Eindeutig stand fest: »Jahwe ist der Herr!«

Dann kommt Isebel, die heidnische Königin, Ahabs Frau. Sie ist unbeeindruckt von dieser Eindeutigkeit. Sie lässt Elia ausrichten: »Die Götter sollen mir dies und das tun, wenn ich nicht morgen um diese Zeit dir tue, wie du diesen getan hast« (V. 2). Und? — Elia resigniert! Er resigniert nicht an einer Stelle, wo es schwierig ist. Nein, er resigniert an dieser Stelle, nach dem fundamentalen Sieg. Der Held vom Karmel läuft um sein Leben. »Da fürchtete er sich, machte sich auf und lief um sein Leben« (V. 3).

Menschlich gesehen erklärbar. Elia ist nach diesem Tag auf dem Karmel völlig mit den Nerven abgespannt. Wie lange hat er für diesen Tag gebetet. Drei und ein halbes Jahr hat er diesen Tag herbeigebetet und vorbereitet. Nun ist die Entscheidung gefallen. Das Volk hat an die Brust geschlagen und bekannt: »Jahwe ist Gott!« Das Ziel ist erreicht, nach dem er sich so lange gesehnt hat. Der Regen ist der Verheißung gemäß gekommen. Nun trat aber auch eine gewisse Abgespanntheit der Nerven ein. Wer kennt das nicht, dieses seelische Tief, nach solch einer großen Anspannung?!

Zu dieser Abspannung der Seele kommt nun bei Elia noch die Erschöpfung des Leibes. Er ist vor dem Wagen des

Königs hergelaufen. Das hat körperliche Kraft gekostet, Herz und Kreislauf sind angegriffen. Er ist erschöpft; nach Leib und Seele fertig.

Ein gutes Angriffsfeld für die Anfechtung zur Resignation. Statt sich auf seinen Herrn und Gott zu konzentrieren, lässt er sich vom Drohbrief der Königin bannen – und läuft weg, ohne sich zu besinnen, wer doch Herr ist.

Eben noch einen entscheidenden Sieg in der Anfechtung errungen und nun am Resignieren. Das sind gefährliche Stunden im Leben der Kinder Gottes: nach geistlichen Siegen, nach gesegneten Stunden. Da bedarf es der äußersten Wachsamkeit, um nicht dem Widersacher Gottes, dem Bösen, auf den Leim zu gehen.

Wenn wir es zeitgemäß ausdrücken wollen, können wir von einer reaktiv bedingten, erschöpfungsbedingten und schuldbedingten Depression sprechen.

Der Widersacher ist ein großer Taktiker, der sich nicht so schnell geschlagen gibt. Er weiß, wie er jeden zu behandeln hat. Wenn einer auf seine eigene Kraft vertraut, dann versucht er ihn damit, dass er ihn eingebildet und hochmütig macht, dass er meint: was bin ich doch für ein Kind Gottes. Alles, was ich anfasse, gelingt!

Es hätte nahe gelegen, dass der Feind den Propheten auf diese Weise versucht. Grund genug wäre ja vorhanden gewesen, dass Elia gesagt oder gedacht hätte: Zu mir hat sich Gott mit Feuer aus dem Himmel bekannt! Aber nein, mit der Versuchung zum Hochmut kommt der Teufel dem Elia nicht. Er weiß, dass er ihn damit nicht zu Fall bringen kann. Er weiß: Einer der Grundzüge im Wesen des Elia ist seine Demut. Wie demütig hat er nach dem Sieg auf dem Karmel vor Gott auf dem Angesicht gelegen. Wie demütig hat er dem König Dienste getan. Mit der Versuchung zur

Überheblichkeit kommt er Elia nicht. Demütige Leute versucht er damit, dass er sie verzagt macht. Und das gelingt ihm bei Elia.

»Er (Elia) ging hin in die Wüste eine Tagereise weit und kam und setzte sich unter einen Wacholder und wünschte sich zu sterben und sprach: Es ist genug, so nimm nun, Herr, meine Seele; ich bin nicht besser als meine Väter« (V. 4).

Verzagtheit ist keine Art von Demut.

Verzagtheit ist Undankbarkeit gegen die bisherige Führung Gottes. Hätte Elia in der Anfechtung auf seinen bisherigen Weg mit Gott zurückgeschaut, hätte er eindeutig Gottes Führung in seinem Leben erkennen können: seine Berufung — Gottes Wort aus seinem Mund an den König Ahab — seine Versorgung am Bach Krit durch die Raben — das Mehl und das Öl bei der Witwe zu Zarpat — die Auferweckung des Sohnes der Witwe — der Sieg auf dem Karmel — der Regen! Eine Kette von Wundern Gottes. Zeichen, dass Gott mit ihm ist. Und er denkt jetzt mit keinem Gedanken daran.

Verzagtheit macht vergesslich und undankbar.

»In wie viel Not hat nicht der gnädige Gott über dir Flügel gebreitet ...« (Joachim Neander, 1650-1680) — gilt das nicht für uns alle?

Verzagtheit ist Unglaube dem gegenwärtigen Gott gegenüber. Wer sich der Verzagtheit ergibt, schaltet Gott als den entscheidenden Faktor aus seinen Überlegungen aus. Gott ist nicht mehr da als allmächtiger, lebendiger Herr. So macht es Elia. Er liegt in der Wüste unterm Ginsterstrauch und wünscht sich den Tod. Er sieht nur die

Königin Isebel, und seine Gedanken kreisen um ihre Droh-
botschaft. — Es hätte alles so schön sein können mit der
Reformation. Warum hat das Gott nur zugelassen mit dieser Morddrohung? Er hätte doch ... Ein Spinnennetz von
Gedanken, in dem sich Elia verfangen hat. Dabei hat er gar
nicht abgewartet, was Gott tun wird; nicht gefragt, was er
will. Er ist einfach davongelaufen. Und nun macht er Gott
Vorwürfe. Dabei ist es sein Unglaube, der ihn in diese
Lebenslage gebracht hat. Vertrauen ehrt Gott. Unglaube
verunehrt ihn.

Verzagtheit macht deprimiert.

»Jesus lebt! Wer nun verzagt, lästert ihn und Gottes
Ehre!« (Christian Fürchtegott Gellert, 1715-1769).

Verzagtheit ist Misstrauen der zukünftigen Führung
Gottes gegenüber. Warum will denn Elia sterben? Weil er
sich von der Zukunft nichts mehr verspricht. Es läuft nicht
so, wie er es sich vorgestellt hat. Es bewegt sich offenbar —
trotz des Sieges auf dem Karmel — nichts Weltbewegendes.
Also ist Gott anscheinend in dieser Welt doch zur Wir-
kungslosigkeit verdammt. Der Durchbruch ist ja doch
nicht da, die Reformation! Dabei hat die Reformation
längst begonnen. Das Volk wartet auf den Reformator,
aber der ist auf der Flucht, ist verzagt und will sterben. Ihm
fehlt gänzlich das Vertrauen in seinen Herrn, der Weg allerwegen hat und dem es an Mitteln nicht fehlt, das hinauszu-
führen, was er begonnen hat.

Verzagtheit macht hoffnungslos.

»Dem Herren musst du trauen, wenn dir's soll wohl
ergehen ...« (Paul Gerhardt).

»Ich weiß von einer Frau«, erzählt Ernst Modersohn,
»die einem Prediger ihr Leid klagte und ihm sagte, wie

schwer sie es habe. Ihre Verhältnisse seien derart, dass gar kein Durchkommen mehr sei. Er ermunterte sie, Gott zu vertrauen. Er werde schon einen Weg für sie haben. Aber sie erklärte, aus dieser Schwierigkeit gebe es keinen Weg. Alles sei ganz aussichtslos und ganz hoffnungslos. Alle seine Versuche, ihr klarzumachen, dass Gott auch ihren Schwierigkeiten gewachsen sei, scheiterten. Sie blieb dabei, ihre Schwierigkeiten seien zu groß.

Da sagte der Prediger: ›Das viele Reden hat keinen Zweck, wir wollen darüber beten. Bitte sprechen Sie mir einmal nach: Lieber Herr Jesus, ich danke dir, dass du mich in der Vergangenheit so treu geführt hast. Ich würde dir gern auch meine Zukunft anvertrauen; aber leider sind meine Schwierigkeiten zu groß. Denen bist du leider nicht gewachsen. Ich wollte, Herr Jesus, du wärst es. Aber dies ist ein so hoffnungsloser und verzweifelter Fall, dass deine Gnade nicht damit fertig werden kann.‹ Der Prediger hielt inne, denn die Frau betete nicht mehr mit. ›Das kann ich nicht, das wäre ja Lästerung.‹ ›So, das wäre Lästerung? Glauben Sie, dass das weniger Lästerung ist, wenn Sie so zu mir sprechen, als wenn Sie so zum Herrn sprechen?‹ Da erkannte diese Frau ihr großes Misstrauen und bat um Vergebung.«

Es gibt noch einen Grund, warum Elia wegläuft: »Ich habe geeifert für den Herrn, den Gott Zebaoth; denn Israel hat deinen Bund verlassen und deine Altäre zerbrochen und deine Propheten mit dem Schwert getötet, und ich bin allein übrig geblieben, und sie trachten danach, dass sie mir mein Leben nehmen« (V. 10). Die Verzagtheit hat dem Elia den Blick eingeengt. Er meint: Nur noch ich bin da, der sich zu Gott hält. Alle anderen sind untreu geworden. Wie kann Verzagtheit doch die Wirklichkeit völlig verzerren!

Sie sieht nicht mehr den Bruder und die Schwester im Glauben.

Verzagtheit treibt in Einsamkeit.
»Lass uns so vereinigt werden ...« (Nikolaus Ludwig Graf von Zinzendorf, 1700-1760).

Wie handelt nun Gott, um Elia aus seiner Resignation herauszuholen; um ihn dazu zu bringen, dass er wirklich »re-signiert«, also von seinen eigenen Vorstellungen ablässt und Gott sein leeres Blatt hinhält und ihn um Vergebung bittet, ihn bittet: Zeige mir deinen Weg mit meinem Leben?

Wird er dem verzagten Propheten eine tüchtige Straf-predigt halten? Wird er ihm vorhalten, dass durch sein Misstrauen jede Basis genommen ist für neues Vertrauen? Wenn Gott das täte, würde er das geknickte Rohr völlig zerbrechen und den glimmenden Docht ganz auslöschen (Jes 43, 3). Doch das ist nicht die Seelsorge Gottes.

Nein, anstatt einer Strafpredigt gibt es Schlaf, Essen und Trinken. Das ist's, was der erschöpfte Mann zuerst braucht. Gott lässt Elia erneut seine Fürsorge erfahren. »Und er legte sich hin und schlief unter dem Wacholder. Und siehe, ein Engel rührte ihn an und sprach zu ihm: Steh auf und iss! Und er sah sich um, und siehe, zu den Häupten lag ein geröstet Brot und ein Krug mit Wasser. Und als er gegessen und getrunken hatte, legte er sich wieder schla-fen« (V. 5-6).

Wissen Sie, man braucht manchmal nichts anderes als etwas mehr Schlaf und ein geregeltes, gesundes Essen und Trinken, mehr Verantwortungsbewusstsein für den Kör-per, um erste Schritte aus seiner Verzagtheit heraus zu tun. Wir sollten das stärker beherzigen. Es gibt Zeiten, da heißt es: weniger Verpflichtungen, wie auch immer sie heißen und wo auch immer sie gefordert werden, inklusive Termine für Gott, und dafür eine Zeitlang ganz bewusst früher ins Bett, sonst wird Raubbau am Leib, dem Tempel des Heiligen Geistes, getrieben. Mehr schöpferische Pausen, mehr Zeit für Gott. Gott stärkt den Verzagten durch ganz natürliche Fürsorge.

Gott stärkt den Verzagten auch durch den Blick auf die »Wolken von Zeugen«. »Und der Engel des Herrn kam zum zweitenmal wieder und rührte ihn an und sprach: ›Steh auf und iss! Denn du hast einen weiten Weg vor dir.‹ Und er stand auf und aß und trank und ging durch die Kraft der Speise vierzig Tage und vierzig Nächte bis zum Berg Gottes, dem Horeb« (V. 7-8).

40 Tage und 40 Nächte durch die Wüste zum Berg Horeb. Es war derselbe Weg, den einst Israel zog, als es ausgezogen war aus Ägypten, um nach Kanaan zu gelangen, nur in umgekehrter Richtung, und statt 40 Tage waren es 40 Jahre. Warum? Warum schickt Gott seinen Mann 40 Tage diesen Weg zurück? Gott will dem Elia deutlich machen an der Geschichte seines Volkes, wie treu und barmherzig er ist. Wie er dort, wo sein Volk ihm Vertrauen entgegenbrachte, durch Freud und Leid, durch Glück und Not hindurchgetragen hat. Da sind diese Männer mit ihrer Gottesgeschichte: Mose, Aaron, Josua, Kaleb … Was haben sie durchlitten und im Glauben erkämpft. Das gilt es einfach ganz nüchtern zu sehen. Nicht nur die Siege am Ende, sondern auch die oft harten, dornenvollen Wege bis zum Sieg. Das ging nicht so leicht. Gott will Anschauungsunterricht geben. Er will zeigen, wohin man kommt, wenn man eigenmächtig handelt. Wir müssen hinter die Kulissen schauen. Lesen wir doch mehr von Luther, von Zinzen-

dorf, von Müller, von Paul Gerhardt. Dann merken wir, die hatten es gar nicht so leicht. Das ist hilfreicher Anschauungsunterricht. Es geht darum, dass ich an ihrem Beispiel lerne zu glauben, die Einsamkeit zu ertragen, Anfeindungen zu bestehen, Misserfolge zu ertragen und nicht zu verzagen. »Gott sitzt im Regimente!«

Gott stärkt den Verzagten mit gezielten seelsorgerlichen Fragen. Am Ende der 40 Tage stellt Gott Elia die gleiche Frage wie am Anfang der 40 Tage: »Was machst du hier, Elia?« (V. 9). Was soll das heißen? Das soll heißen: Elia, auf dem Karmel hast du gebetet, ich soll mich zu deinem Gebet bekennen, dass in Israel offenbar werde, dass ich Herr bin und du mein Knecht. Du nanntest dich: mein Knecht. Ich beglaubigte dich als meinen Knecht! Aber Knechte haben einen Herrn über sich, dem sie gehorchen, dessen Willen sie tun. Hast du mich gefragt, als du deine Flucht antratst? – Nein, nichts davon. Du hast gehandelt wie ein Herr, der über sich selbst bestimmt. »Was machst du hier, Elia?« Was soll Elia antworten? Es stimmt, er ist eigene Wege gegangen, er hat eigenmächtig und eigenwillig gehandelt. Elia gibt eine ausweichende Antwort: »Ich habe geeifert für den Herrn, den Gott Zebaoth; denn Israel hat deinen Bund verlassen und deine Altäre zerbrochen und deine Propheten mit dem Schwert getötet, und ich bin allein übrig geblieben, und sie trachten danach, dass sie mir mein Leben nehmen« (V. 10). Elia geht gar nicht auf Gottes Frage ein. Er ist gefangen in seinem Denken. Es läuft nicht so, wie er es sich vorgestellt hat. Er entschuldigt sich, indem er andere beschuldigt. Das ist Selbstrechtfertigung – er fertigt sein Recht selbst. Wie ist das bei uns? Geben wir bei zentralen Fragen Gottes auch ausweichende Antworten, verschieben die Akzente – auf andere hin?

Es gibt auf jedem Lebensweg Schwierigkeiten. Die bleiben keinem erspart. Aber es ist ein großer Unterschied, ob uns Schwierigkeiten begegnen auf einem Weg, den wir uns selbst ausgesucht haben, oder auf einem Weg, den Gott uns führt.

Haben wir Schwierigkeiten auf dem selbst bestimmten Weg, bleiben die Selbstvorwürfe: Ach, hätte ich doch nicht ... Dann hat man oft keine Kraft und ist den Schwierigkeiten nicht gewachsen. Aber begegnen wir Schwierigkeiten auf dem Weg Gottes, haben wir die Zusage Gottes: »Ich will mit meiner Kraft in deiner Schwachheit mächtig sein.« Das ist ein fundamentaler Unterschied.

Gott stärkt den Verzagten, indem er ihn in die Stille nimmt. Noch hat Elia nicht erkannt, dass er durch seine Undankbarkeit, seinen Unglauben und sein Misstrauen an seiner Verzagtheit selbst schuld ist. Er klagt die anderen an. Sie sind schuld. Und er ist auch unzufrieden mit seinem Gott, der ganz anders durchgreifen müsste.

Da gibt Gott Elia in wunderbarer Langmut weiteren Anschauungsunterricht, dass er ihm keine Schuld zuschieben kann, sondern dass seine falschen Gedanken und Vorstellungen schuld sind, die Vorstellungen, die sich Elia von Gott und seinem Wesen und Handeln gemacht hat. Und weil Gott so nicht reagiert, meint Elia Grund zum Grollen zu haben. Doch Gott zeigt ihm, wie er ist: »Der Herr sprach: Gehe heraus und tritt hin auf den Berg vor den Herrn! Und siehe, der Herr wird vorübergehen. Und ein großer, starker Wind, der die Berge zerriss und die Felsen zerbrach, kam vor dem Herrn her; der Herr aber war nicht im Winde. Nach dem Wind aber kam ein Erdbeben; aber der Herr war nicht im Erdbeben. Und nach dem Erdbeben kam ein Feuer, aber der Herr war nicht im Feuer. Und nach dem Feuer kam ein stilles, sanftes Sausen. Als das Elia hörte, verhüllte er sein Antlitz mit seinem Mantel und ging hinaus und trat in die Tür der Höhle. Und siehe, da kam eine Stimme zu ihm und sprach: Was hast du hier zu tun, Elia?« (V. 11-13).

Gott führt Elia in die Stille. In ihr kommt es zu einer neuen Gottesbegegnung. Man kann manches liegen lassen an Arbeit, aber eins können wir nicht: auf die Stille vor Gott verzichten. »Nur an einer stillen Stelle legt Gott seinen Anker an« (Rudolf Kögel, 1829-1896). Verzagte müssen neue Prioritäten setzen. Elia, du warst zu beschäftigt mit deinen Vorstellungen, deiner Aktivität, deinem Laufen, deinem Eifer. Du drehtest dich so sehr um dich. Elia, höre, ich will mit dir reden. Es geht um Termine mit dir, nicht *für mich!* Elia, es geht um die Frage: »Herr, was willst *du*?« Sie muss wieder den ersten Platz in deinem Leben einnehmen.

Gott stärkt den Verzagten mit der alten Platzanweisung und neuen Dienstaufträgen. Gott schickt den Elia »seinen Weg« wieder zurück: »Gehe wieder deines Weges.« Gott weist ihm seinen alten Platz an. Man wird mit Problemen nicht fertig, indem man vor ihnen flieht. Gott nimmt auch nicht einfach aus der Not heraus, aber er führt durch sie hindurch. »Du bist bei mir!«

Eine alte Geschichte aktualisiert es immer wieder neu: Ein Mann kommt zu Gott und sagt: Lieber Gott, das Kreuz, das du mir zu tragen gegeben hast, das ist zu schwer. Ja, sagt Gott, das ist kein Problem, führt ihn auf einen großen Platz, und da liegen viele Kreuze. Der Mann probiert aus. Dabei hat er seins abgelegt. Eins nach dem andern probiert er. Das eine ist zu lang, das andere zu krumm, das andere zu schwer. Schließlich hat er eins gefunden und kommt strahlend zu Gott und sagt: Lieber

Gott, das passt mir, jetzt hab ich eins. Ja, sagt Gott, das ist doch das, was du selbst abgelegt hast. Und der Mann schaut hin und sieht: Tatsächlich, das war sein eigenes abgelegtes Kreuz!

Gott weiß, warum er uns an den alten Platz schickt. Da können wir uns in neuem Vertrauen bewähren und zeigen, dass wir ein Stück weiter gelernt haben, ihm und seinem Wort zu glauben; dass wir verstanden haben, dass mit einem echten »Re-signieren« sich neue Türen auftun zu einem Leben des Sieges. Elia geht. Er ist gehorsam.

Gott stärkt den Verzagten mit neuen Dienstanweisungen.

Elia wird beauftragt, zwei Könige zu salben, aber auch seinen Nachfolger im Amt des Propheten, Elisa, zu berufen. Er wird an seine Stelle treten.

Wir können daraus etwas Entscheidendes lernen. Obwohl er völlige Vergebung erfahren hat und sozusagen gerechtfertigt vor Gott ist, muss Elia für seinen Unglauben die Konsequenzen tragen. Das bedeutet keineswegs, dass Gott gegen ihn ist. Nein, er ist total für ihn. Er lässt ihn das Einmalige erfahren, dass er ihn im feurigen Wagen in den Himmel nimmt (2. Könige 2, 11).

Auch der Schächer am Kreuz bekommt von Jesus zu hören: »Heute wirst du mit mir im Paradiese sein ...«, doch deswegen wird er nicht vom Kreuz abgenommen. Nein, er erleidet seine Strafe, er stirbt am Kreuz. Aber er geht den Weg zum ewigen Leben, versöhnt mit Gott.

Es gibt auch in unserem Leben Situationen, da wir die Konsequenzen unseres Ungehorsams zu tragen haben, vielleicht ein Leben lang. Das heißt aber nicht, bei Gott in Ungnade gefallen zu sein. Nein, wir bleiben trotzdem seine Kinder, versöhnt mit ihm. Dieses Wissen lässt uns aufatmen. Da werden neue Kräfte frei, da fallen die Fesseln der Selbstanklagen. Da denkt man um. Man kann neu denken. Da beginnt ein ganz Neues. Man re-signiert!

Gott stärkt den Verzagten, indem er ihm zeigt, dass er nicht allein ist auf dem Weg ihm nach.

»Ich will übrig lassen siebentausend in Israel, alle Knie, die sich nicht gebeugt haben vor Baal, und jeden Mund, der ihn nicht geküsst hat« (1. Kön 19, 18). Elia hatte so getan, als ob es mit der Sache Gottes aus sei, wenn es mit ihm, dem Propheten aus wäre. Darauf antwortet nun Gott, dass es gar nicht auf Elia ankommt, sondern auf ihn, den Herrn. Es ist nicht die Sache des Elia, was aus Israel wird, sondern Gottes Sache: Du meinst, Elia, du allein seist übrig geblieben? Kein Gedanke daran. Siebentausend gibt es noch in Israel, die treu zu mir stehen. – Gott trägt die letzte Verantwortung. Und das nicht nur bei Elia, auch bei uns, auch in Ihrem Leben.

Geben Sie Ihre Vorstellungen, Ihre selbst gefertigten Pläne aus der Hand, stellen Sie alle Flucht ein, und hören Sie auf mit Ausflüchten und Schuldabschieben auf andere. »Re-signieren« Sie, indem Sie Gott ein leeres Blatt hinhalten und ihn fragen: Was ist dein Weg mit mir? Was willst du, dass ich tun soll? Vergib mir meine Eigenwilligkeit. Gib du mir neu das Thema meines Lebens!

Mehr zu dieser Thematik: Ernst Modersohn, Der Prophet Elia, Gießen/Basel: Brunnen Verlag 1923

Verzagt —
und zuversichtlich (Josua)

»Nachdem Mose, der Knecht des Herrn, gestorben war,
sprach der Herr zu Josua, dem Sohn Nuns, Moses Diener:
Mein Knecht Mose ist gestorben; so mache dich nun auf
und zieh über den Jordan, du und dies ganze Volk, in das
Land, das ich ihnen, den Israeliten, gegeben habe. Jede
Stätte, auf die eure Fußsohlen treten werden, habe ich euch
gegeben, wie ich Mose zugesagt habe. Von der Wüste bis
zum Libanon und von dem großen Strom Euphrat bis an
das große Meer gegen Sonnenuntergang, das ganze Land
der Hetiter, soll euer Gebiet sein. Es soll dir niemand
widerstehen dein Leben lang. Wie ich mit Mose gewesen
bin, so will ich auch mit dir sein. Ich will dich nicht verlassen noch von dir weichen. Sei getrost und unverzagt; denn
du sollst diesem Volk das Land austeilen, das ich ihnen zum
Erbe geben will, wie ich ihren Vätern geschworen habe. Sei
nur getrost und ganz unverzagt, dass du hältst und tust in
allen Dingen nach dem Gesetz, das dir Mose, mein Knecht,
geboten hat. Weiche nicht davon, weder zur Rechten noch
zur Linken, damit du es recht ausrichten kannst, wohin du
auch gehst. Und lass das Buch dieses Gesetzes nicht von
deinem Munde kommen, sondern betrachte es Tag und
Nacht, dass du hältst und tust in allen Dingen nach dem,
was darin geschrieben steht. Dann wird es dir auf deinen
Wegen gelingen, und du wirst es recht ausrichten. Siehe, ich
habe dir geboten, dass du getrost und unverzagt seist. Lass

dir nicht grauen und entsetze dich nicht; denn der Herr, dein Gott, ist mit dir in allem, was du tun wirst« (Jos 1, 1-9).

Grenzübergang, und Mose ist nicht mehr dabei. Wie soll es weitergehen? Vor dem Volk Israel liegt endlich das Land der Verheißung. Nur der reißende Jordan trennt es noch davon. Sind nun doch alle Opfer und Mühsale umsonst gewesen? Wie kann man es wagen, ohne Mose, mit dem ja Gott ganz offensichtlich war, über den Fluss zu setzen? Bedeutet das nicht Vernichtung, Untergang? Denn mit Mose war Gott — ist man ohne Mose auch ohne Gott? Ist nicht der Tod des Gottesmannes gerade in diesem Augenblick Zeichen, Warnung und Befehl zur Umkehr?

Fragen über Fragen, Gedanken, Abwägungen, die das Herz unruhig machen, auch das Herz eines Josua, den Mose vor seinem Tod im Auftrag Gottes zu seinem Nachfolger weihte. Indem Josua das Volk ansieht, wird es nicht besser mit seiner Angst, seinem Verzagtsein. Nein, er kennt dieses Volk und weiß, was hinter ihm liegt: vierzig Jahre Wüstenwanderung, Hunger, Durst, Entbehrung, Not; ein mürrisches Volk und zudem auch noch abtrünnig von seinem Gott; der Tanz ums goldene Kalb. Ja, Mose selbst verzagt. Mit diesem Volk soll Josua über den Jordan schreiten und das verheißene Land einnehmen? Angst, Verzagtheit, Grauen, Ungewissheit bemächtigen sich seines Herzens.

Eine Krise bahnt sich an. Was tun? Bleiben? Gehen? Neues Land einnehmen? Was man hat, weiß man. Was auf einen zukommt, weiß man nicht. Und doch: Neues Land kann man nur einnehmen, wenn man altes verlässt!

Angst vor dem Morgen, dem Kommenden, damals wie heute. Solche Angst kann schon verzagt, mürbe und auch mutlos machen. Doch da, wo der Mensch am Ende ist mit seinem Handeln, mit seiner Kraft, fängt Gott oft erst an. Unsere Unmöglichkeiten sind das Baumaterial für seine Möglichkeiten. Gottes Stunden sind oftmals die Nullpunkte im menschlichen Leben. Gott geht nicht an unseren Schwierigkeiten achtlos vorüber. Er ist ihnen gewachsen!

Mitten hinein in dies unmöglich Erscheinende, in die Unentschlossenheit und Verzagtheit eines Josua kommt Gottes Anruf ganz persönlich an ihn: »Siehe!« — Also: Merke auf, komm heraus aus deiner Niedergeschlagenheit. Statt auf die Probleme zu starren, denk an mich!

Gott spricht sein »Siehe!« Wo immer dieses »Siehe!« in der Bibel geschrieben steht, geschieht etwas Revolutionäres, Neues. Entscheidendes beginnt — auch hier!

»Siehe, ich habe dir geboten, dass du getrost und unverzagt seist. Lass dir nicht grauen und entsetze dich nicht, denn der Herr, dein Gott, ist mit dir in allem, was du tun wirst.« — So kann nur einer gebieten: Gott! Gott, dem alle Gewalt gegeben ist im Himmel und auf Erden.

Welch ein mächtiger Zuspruch hinein in alle Angst und Ungewissheit. Dieses Wort ist von einer solchen Zuversicht, dass, wenn man es aufnimmt in sein gottvertrauendes Denken, es einem fast den Atem verschlägt. Gott handelt so richtig seelsorgerlich an Josua. Er will ihm in dieser heiklen Lebenslage Mut zusprechen, in ihm das Vertrauen zu seinem Gott stärken. Die Verzagtheit soll dem Gottvertrauen weichen, so dass Josua getrost den Schritt über den Jordan setzen und das neue Land, das Gott ihm und dem Volk als Besitz gegeben hat, einnehmen kann. Es ist, als lege Gott — im Bild gesprochen — väterlich seine starke Hand auf Josuas Schulter, wenn er zu ihm spricht: Sei doch unverzagt, ich bin mit dir! Wage den Schritt, zu dem ich dich ermutige! Du bist nicht allein!

Es sieht fast so aus — menschlich gesprochen —, als habe Gott Angst, Josua traue seinem Wort doch nicht so recht, als würden seine Bedenken überwiegen, als würde er mit seinem Volk Israel unmittelbar vor dem Ziel der Berufung noch scheitern und dadurch seinen Auftrag verfehlen. Gott untermauert sozusagen seine Zusage an Josua, um ihm ja alle Angst zu nehmen, wenn er sie mit anderen Worten wiederholt: »Es soll dir niemand widerstehen dein Leben lang. Wie ich mit Mose gewesen bin, so will ich auch mit dir sein. Ich will dich nicht verlassen noch von dir weichen. Sei getrost und unverzagt.«

Josua wird hier von Gott Geborgenheit, Führung zugesagt. Doch sie hat ihre Bedingung, die durch nichts anderes zu ersetzen ist: Gott fordert Josua zum uneingeschränkten Vertrauen seinem Wort gegenüber auf: »Lass das Buch dieses Gesetzes nicht von deinem Munde kommen, sondern betrachte es Tag und Nacht, dass du hältst und tust in allen Dingen nach dem, was darin geschrieben steht. Dann wird es dir auf deinen Wegen gelingen, und du wirst es recht ausrichten.« — Die Herrlichkeit göttlichen Geleits erfährt nur, wer sein Vertrauen in Gott und sein Wort vorbehaltlos investiert.

Mag sein, dass Sie nun denken: Was interessiert mich Gottes Handeln vor ein paar tausend Jahren im Leben Josuas, mich interessiert das Heute, in dem ich lebe mit meinen Schwierigkeiten, meinen Konflikten, Kümmernissen und meiner Angst vor dem Morgen. —

Aber es geht um viel Größeres als nur um die Eroberung Kanaans! Gottes Handeln war doch mit der Landgabe an Israel nicht zu Ende. In diesem Land sprach Gott sein »Siehe!«, so z. B. zu Maria, der Mutter Jesu: »Siehe, du wirst schwanger werden und einen Sohn gebären, und du sollst ihm den Namen Jesus geben. (...) und er wird König sein über das Haus Jakob in Ewigkeit, und sein Reich wird kein Ende haben« (Lk 1, 31.33). In diesem Land wurde das Wort Fleisch. Da kam Gottes Sohn zur Welt, um der Herr des neuen Gottesvolkes zu sein; unser Herr, Ihr und mein Herr. Jetzt geht es im Kampf um den Eingang in das ewige Reich. Jesus hat diesen Kampf aufgenommen und ihn für Sie und für mich im ganzen Gehorsam dem Willen Gottes gegenüber durchgerungen — bis hin ans Kreuz. Dort am Kreuz, als Jesus für unsere Sünden starb, für unsere Eigenwilligkeit, geschah Gottes Wille, ward unser Heil bereitet. Am Ostermorgen brach der Sieg von Jesus Christus an. Die Jünger konnten zunächst nicht verstehen, was da geschah. Sie waren mit Angst besetzt und völlig verzagt. Doch der Auferstandene spricht sie an — mitten hinein in ihre Angst und Verzagtheit: »Fürchtet euch nicht! Friede sei mit euch. Seid getrost und unverzagt.« Damit nimmt er sie mit hinein in seinen Sieg, in den Kampf für seine Sache. Da wird seine Sache zu ihrer Lebensgeschichte. So ist das bis heute.

Auch wir haben Angst, und Jesus weiß das. Darum sagt er uns in seinem Wort: »In der Welt habt ihr Angst« — wir brauchen sie nicht zu ignorieren. Wir können sie uns eingestehen; denn er gesteht sie uns zu: »In der Welt habt ihr Angst; aber seid getrost, ich habe die Welt überwunden« (Joh 16, 33).

Zu solchem Getrostsein, zu solcher Zuversicht sind wir eingeladen. Dieser Anspruch: »Seid getrost!«, ist zugleich Zuspruch. Er ergeht in unsere Lebenslage. Sie ist zwar eine andere als bei Josua, aber es geht um denselben Herrn und das gleiche Gottvertrauen.

»Ich will dich nicht verlassen noch von dir weichen.« Mit dieser Zusage streckt Ihnen Jesus Christus, um das einmal so im Bild auszudrücken, seine starke Hand entgegen, um Sie festzuhalten, damit Sie nicht in den Sog der Angst hineingerissen werden, nicht Spielball der Angst werden.

Ob Sie einschlagen in seine dargebotene Hand? Ob Sie ihm Ihr uneingeschränktes Vertrauen geben?

In dieser Entscheidung stand auch Josua. Wie wird er auf dieses Angebot: »Ich will dich nicht verlassen noch von dir weichen«, reagieren? Er steht vor einem Entweder — Oder. Wie bisher liegt ja alles dunkel und undurchsichtig vor ihm. Es hat sich an der Situation überhaupt nichts geändert. Es ist dasselbe Volk, mit dem er über den Jordan gehen und das verheißene Land einnehmen soll, widerspenstig und abtrünnig ... Es ist dasselbe unbekannte Land, Neuland, mit seinen Risiken und Gefahren. Vom Äußeren her hat sich nichts geändert — aber er hat Gottes Wort, Gottes Zusage: »Ich bin mit dir!« Josuas Entscheidung wird zu einer Glaubensentscheidung und damit auch zu einer Willensentscheidung. Er ist gefragt: Will ich Gottes Wort vertrauen? Wir lesen nicht, ob Josua lange gezögert hat und das Für und Wider überlegte.

Josua vertraut dem, der ihm zusagt: »Ich bin mit dir!«, der zu ihm spricht: »Sei getrost und unverzagt!« Er schlägt in die dargebotene Hand, die ihn hält und führt, ein. Wie nahe sind wir dem Wort Jesu: »Selig sind, die nicht sehen und doch glauben« (Joh 20, 29).

Josua tritt damit aus dem Teufelskreis der Angst und Ungewissheit in die Geborgenheit und Führung Gottes. Er nimmt für sich in Anspruch: Gott ist mit mir. Er hat sich an sein Wort gebunden. So kann er auch den Schritt des Glaubens wagen und dem Befehl Gottes nachkommen: »So mach dich nun auf und zieh über den Jordan, du und dies ganze Volk, in das Land, das ich ihnen, den Israeliten, gegeben habe.«

Wo immer ein Mensch wahrhaft ja zu Gott sagt, indem er seinem Wort vertraut, wird er in Bewegung gesetzt: »Da gebot Josua (...) und sprach: (...) denn nach drei Tagen werdet ihr hier über den Jordan gehen, dass ihr hineinkommt und das Land einnehmt, das euch der Herr, euer Gott, geben wird.«

Damit ist für Josua und das Volk die Entscheidung gefallen. Sie nehmen das verheißene Land in Besitz. Sie sind am Ziel. Und wir? – Wir, die wir an Jesus Christus glauben, sind noch unterwegs. Aber auch für uns hat der Anspruch des Wortes Gottes, getrost und freudig zu sein und in dieser Zuversicht in die Zukunft zu gehen, weil Gott mit uns ist, seine Bedeutung. Diese Aufforderung führt in die Entscheidung. Uns, Sie und mich, meint Jesus, wenn er sein »Siehe« spricht: »Und siehe, ich bin bei euch alle Tage bis an der Welt Ende« (Mt 28, 20). Da tut sich uns der Weg auf, durch Konflikte, Kümmernisse und Krisen auf dem Weg des Lebens zum ewigen Leben getrost und zuversichtlich weiterzugehen und nicht Spielball der Angst, der Ungeborgenheit und des Grauens zu werden. Uns gilt: »Ich will dich nicht verlassen und nicht von dir weichen« (Hebr 13, 5). Das heißt doch: Wir sind niemals mehr allein. Auch wenn man sonst sagt: Sag nie nie. Hier dürfen wir es sagen: Nie mehr allein, weil Jesus mit uns ist – alle Tage. Da sind auch die weniger schönen nicht ausgenommen. Welche Kraft geht von solch gottvertrauendem Denken aus. Doch nicht unser Vertrauen macht es, sondern darin liegt die Kraft, dass Gott uns vertraut, dass wir ihm vertrauen. Ob das so ist in Ihrem Leben?

Ob Sie gegen den Augenschein Gott vertrauen, auch wenn sich an Ihrer Lebenslage gar nichts geändert hat? Sie haben sein Wort: »Ich bin bei dir alle Tage bis an der Welt Ende!«

Wir dürfen und können am Alten nicht hängen bleiben, wenn wir frei sein wollen für Neues. Es ist rechter Glaube zu wissen, dass Gott sein Werk mit uns bauen will, und dass wir ihm durch unser Dasein, durch unser tägliches Leben, ein Land zu erobern haben. Es geht um das Reich Gottes, zu dem wir berufen sind, das hier auf Erden seinen Anfang nimmt und in der Ewigkeit bei Gott seine Vollendung erfährt.

Wissen Sie, es ist schlechter Glaube, ja, eigentlich gar kein Vertrauen, in verkehrter Demut zu sagen: Ich eigne mich nicht dazu; die andern werden das schon machen; wenn Gott mich nur behütet und bewahrt. Angst ist das Gegenteil von Gottvertrauen, Verzagtheit von Zuversicht – und Bequemlichkeit des Glaubens Hindernis. Gott will nicht nur bewahren; er will Bewährung schenken, zeigen, dass Geduld üben Not wendet!

»Ich segne dich zum Siegen«, so sandte Blumhardt seinen Sohn in die Welt zum Kampf für Jesus Christus, auf den Weg des Lebens zum ewigen Leben, dass er andere auf dem Weg zum Leben mitnehme. Das ist mehr als Glaube an Behütung und Bewahrung. Es ist Glaube an die Sache Jesu Christi; ja, es ist Glaube an Jesus Christus selbst. Solche Menschen, die ihm und seinem Wort ganz vertrauen, braucht Jesus als seine Nachfolger, wenn es darum geht, neues Land einzunehmen.

Noch sind wir nicht am Ziel unseres Gottvertrauens, der Ewigkeit. Wir sind noch auf der Etappe; auf dem Weg dorthin, den Jesus uns vorausgegangen ist, den er für uns bereitet hat. Sein Heiliger Geist, die Realpräsenz Jesu heute, ist jetzt unser Wegbegleiter. In ihm und durch ihn bekommen wir Wegweisung. Er macht uns sein Wort lebendig, schließt es uns auf. Lasst uns ihm gehorsam werden und bleiben, ihm nachfolgen, damit wir über den Etappen das Endziel nicht aus den Augen verlieren.

Paul Gerhardt ermutigt uns: »Ihn, ihn lass tun und walten! Er ist ein weiser Fürst und wird sich so verhalten, dass du dich wundern wirst, wenn er, wie ihm gebühret, mit wunderbarem Rat das Werk hinausgeführet, das dich bekümmert hat.«

Es gibt — auch für uns — nur diese einzige »Bedingung«. Sie steht in Josua 1, 8 vor der Ermutigung: »Siehe, ich habe dir geboten, dass du getrost und unverzagt seist. Lass dir nicht grauen und entsetze dich nicht; denn der Herr, dein Gott, ist mit dir in allem, was du tun wirst« — diese Bedingung heißt: »Lass das Buch dieses Gesetzes (also Gottes Wort) nicht von deinem Munde kommen, sondern betrachte es Tag und Nacht, dass du hältst und tust in allen Dingen nach dem, was darin geschrieben steht. Dann wird es dir auf deinen Wegen gelingen, und du wirst es recht ausrichten.«

Mit anderen Worten: Wir sollen Gottes Wort in unserem Herzen und in unseren Gedanken bewahren und es in unserem Leben konkret befolgen. Dann erfahren wir, dass Gott mit uns ist. Er hat sich an sein Wort gebunden. Dann muss uns vor dem Kommenden nicht grauen. Wir brauchen uns nicht von der Angst lähmen zu lassen. Unser Gott ist größer, mächtiger als alles, was uns ängstigen will, und er ist immer schon voraus; er ist dort, wo wir erst hinwollen, und dorthin ebnet er uns die Bahn.

Wir werden auf dem Weg ihm nach die Erfahrung machen, die Bonhoeffer so beschreibt: »Gott erfüllt nicht alle unsere Wünsche, aber alle seine Verheißungen!« Das heißt für uns: Auf Gott ist Verlass; an sein Wort können wir uns halten: »Ich lass dich nicht im Stich!«

Niedergeschlagen —
und aufgerichtet (David)

»Eine Unterweisung Davids.

Wohl dem, dem die Übertretungen vergeben sind, dem die Sünde bedeckt ist! Wohl dem Menschen, dem der Herr die Schuld nicht zurechnet, in des Geist kein Trug ist! Denn als ich es wollte verschweigen, verschmachteten meine Gebeine durch mein tägliches Klagen. Denn deine Hand war Tag und Nacht schwer auf mir, dass mein Saft vertrocknete, wie es im Sommer dürre wird. Darum bekannte ich dir meine Sünde, und meine Schuld verhehlte ich nicht. Ich sprach: Ich will dem Herrn meine Übertretungen bekennen. Da vergabst du mir die Schuld meiner Sünde. Deshalb werden alle Heiligen zu dir beten zur Zeit der Angst. Darum, wenn große Wasserfluten kommen, werden sie nicht an sie gelangen. Du bist mein Schirm, du wirst mich vor Angst behüten, dass ich errettet gar fröhlich rühmen kann. ›Ich will dich unterweisen und dir den Weg zeigen, den du gehen sollst; ich will dich mit meinen Augen leiten!‹ Seid nicht wie Rosse und Maultiere, die ohne Verstand sind, denen man Zaum und Gebiss ins Maul legen muss; sie werden sonst nicht zu dir kommen. Der Gottlose hat viel Plage; wer aber auf den Herrn hofft, den wird die Güte umfangen. Freuet euch des Herrn und seid fröhlich, ihr Gerechten, und jauchzet, alle ihr Frommen« (Ps 32). —

Dieser Psalm gehört in den Zusammenhang der Psalmen 51, 139 und 103. Auf ihrem Hintergrund können wir die Zusammenhänge von Geist, Seele und Leib oder anders gesagt: von unbewältigten Problemen, von Schuld und psychosomatischer Erkrankung erkennen; wenn die verletzte Seele, der rebellierende Geist über die Organe SOS schreien.

Viele uns bekannte Redewendungen machen diese Zusammenhänge deutlich; unsere Sprache verrät, was sich da in uns abspielt:

- Mir blieb fast das Herz stehen — Herzbeschwerden
- Ich platze vor Wut — Bluthochdruck
- Der Ärger schlägt mir auf den Magen — Magengeschwüre
- Mir blieb die Luft weg — Asthma bronchiale
- Das schlägt mir aufs Gemüt — Depressionen
- Das konnte ich nur schwer schlucken — Schluckbeschwerden
- Ich kann ihn nicht riechen, habe die Nase voll — Schnupfen
- Mir saß die Angst im Nacken — Verspannungen im Schulter- und Nackenbereich
- Das ging mir an die Nieren — Nierenschmerzen

Das sind nicht einfach Erkrankungen, für die der Arzt allein zuständig wäre. Ein mir nahe stehender Neurologe, der auch Psychiater und Psychotherapeut ist (Dr. Michiaki Horie), sagt, dass über 60 % der Menschen, die ihn diesbezüglich aufsuchen, eben nicht reine körperliche, organische Störungen haben, sondern dass die Seele, der Geist, das Denken, das Fühlen, ja der Glaube engstens damit verbunden sind; dass diese Störungen Zusammenhänge des ganzen Menschen betreffen, die sich mal im seelischen Bereich niederschlagen, mal mehr auf dem geistlichen Sektor bemerkbar machen und ein andermal mehr die körperliche Seite des Menschseins beeinträchtigen. Mit einem Wort unserer Tage gesagt: psychosomatische Störungen. Der Konflikt der Seele, der Psyche, zeigt sich im Soma, dem Leib. Was signalisieren diese Reaktionen? Was drückt diese Körpersprache aus? Nun, diese Krankheiten beinhalten, wie bereits angedeutet, auch seelische und geistliche Probleme, Konflikte des Zusammenlebens, Beziehungsstörungen zum Nächsten, zu sich selbst, zu Gott; also auch die Schuldfrage. Und von daher hängen sie auch zusammen mit meinem gottvertrauenden Denken, mit meinem Glauben, mit Gott und seinem Sohn Jesus Christus. Das Körperproblem ist so auch ein Glaubensproblem. Das kann man nicht auseinander dividieren, und man sollte es auch nicht wegrationalisieren wollen. Das macht den Konflikt nur noch umso größer. Besser ist, diese Signale des Körpers verstehen zu lernen, bewusst darauf zu achten, was der Körper damit ausdrücken will. Denn solche Krankheiten signalisieren, dass sich in der Glaubensüberzeugung Fehler, ungeistliche Motive und Vorstellungen, verkehrte Lebenshaltungen, Schuld und Sünde eingeschlichen haben.

Halten wir fest:

Gott hat es nicht nur mit unserem Glaubensleben, der geistlichen Dimension unserer Persönlichkeit, zu tun, sondern mit dem ganzen Menschen, dem Geist, der Seele und dem Körper. Heil, Heiligung und Heilung stehen in einem kausalen Zusammenhang.

Wenn ein Bereich leidet, werden die anderen nicht selten in Mit-leiden-schaft gezogen. Mein Glaube hängt eng mit meinem Leben und Erleben, mit meiner Lebensgeschichte zusammen. Unser ganzer Mensch wird vom Glauben angesprochen. Und dieser Glaube hat eben auch seine Auswirkungen. Denn er kann gestört sein durch Schuld, Misstrauen, Eifersucht, Neid, Zweifel ... Das schlägt sich nieder, z. B. in Depressionen, Ängsten, Entscheidungsschwäche, Belastungsunfähigkeit, gestörten Beziehungen.

David ist in eine solche umfassende Krise seines Lebens gekommen, weil er an Menschen und an Gott schuldig geworden ist und das verschweigen wollte.

Was war geschehen? — David hatte die Ehe gebrochen und dann den Mann, an dem er damit auch schuldig geworden war, an die Front geschickt, damit er dort im Krieg umkomme (2. Sam 11), also einen Mord angezettelt. Und danach lebte er, als sei nichts geschehen. Doch Schuld wird nicht bewältigt durch Verjährung; auch nicht dadurch, dass man sie verdrängt. Das meinte David zwar. Doch das war Selbstbetrug. Sein schlechtes Gewissen fraß das Gras, das darüber wachsen sollte, immer wieder weg. Die Konsequenzen seines Verdrängens formulierte er in unserem Psalm so: »Denn als ich es wollte verschweigen, verschmachteten meine Gebeine durch mein tägliches Klagen. Denn deine Hand lag Tag und Nacht schwer auf mir, dass mein Saft vertrocknete, wie es im Sommer dürre wird« (V. 3-4). David war fertig; fix und fertig. Alle seine Versuche, zu verdrängen, seine Schuld zu verschweigen, brachten gerade das Gegenteil von dem, was er sich erhoffte: statt aufatmen zu können, wurde er immer niedergeschlagener. Seine Organe fingen an zu schreien. Seine

Seele rebellierte und versuchte, sich auf diesem Weg Luft, Befreiung zu schaffen. »Solange ich Schweigen übte, verzehrte sich mein Leib, weil es unaufhörlich in mir schrie.« Wenn ich Schuld, Sünde verschweige, ist sie ja damit nicht bewältigt; sie ist nicht weg. Nein, sie richtet jetzt, unkontrolliert, in meiner Persönlichkeit von Geist, Seele und Leib viel schlimmeren Schaden an als zuvor; sie zerstört das Gesunde, das Heile. Nicht die Organe sind krank und müssen in erster Linie behandelt werden, sondern die Schuld drückt nieder.

Ein Umdenkprozess, eine Sinnesänderung muss beginnen (Röm 12, 1-2), wenn heilsame, konkrete Veränderungen eintreten sollen. Wer unaufrichtig ist im Umgang mit seiner Schuld, betrügt sich selbst. Der Körper wehrt sich gegen diese Art von Schuldbewältigung. Deshalb nochmals: Wer Schuld verschweigt, sie verdrängt, macht sich krank.

Ich will noch einen anderen Gedanken, der auch Bedeutung für uns hat, unterstreichen. Wenn David sagt: »Wohl dem (...), in dessen Geist kein Trug ist«, dann macht er darauf aufmerksam, dass es ganz gefährlich ist, ja einem Selbstbetrug gleichkommt, wenn man so tut, »als ob« die Schuld vergeben sei. Und letztlich sogar noch daran glaubt. Wenn ich also mein Recht selbst fertigen will — Selbstrechtfertigung —, kommt da nichts Gutes dabei heraus. David tat ja, als sei nichts geschehen. Doch daraus entstanden lauter Beziehungsstörungen: zu Gott, zu sich selbst, zum Nächsten. Er täuschte sich selbst und musste daher ent-täuscht werden.

Auch der andere Weg, sich sozusagen die unangenehmen Dinge, die Schuld, »aus dem Kopf schlagen«, diese »Stornierung der Schuld«, bringt nichts als Kopfschmerzen.

Nicht Schuld selbst bereinigen zu wollen, sondern zu Gott zu gehen, der einzig und allein wirklich Schuld vergibt — mit Tiefenwirkung: »Dein Wort macht Leib und Seel gesund« — und an dem man durch Schuld am anderen letztlich gesündigt hat (Ps 51, 6), das allein bringt Vergebung, richtet auf. Neutestamentlich ausgedrückt: »Wenn wir aber unsere Sünden bekennen, so ist er (Gott) treu und gerecht, dass er uns die Sünden vergibt und reinigt uns von aller Ungerechtigkeit« (1. Joh 1, 9).

In Shakespeares »Macbeth« heißt es: »Leiden, das nicht spricht, presst das beladene Herz, bis dass es bricht.« Deswegen gilt es, sich »aus-zu-reden« und aufzuhören mit Ausreden. Es ist gut und hilfreich, bewusst solche Zusammenhänge zur Kenntnis zu nehmen. Das ist Voraussetzung dafür, dass sich etwas im Leben grundlegend zum Guten ändern kann.

Schuld will erkannt und dann bekannt sein vor Gott und Menschen. Sie wird bewältigt durch Vergebung.

In David reifte unter dem Leidensdruck die Erkenntnis: Ich kann mich selbst vor Gott nicht richtig machen, was immer ich auch unternehme. Weder Flucht noch Ausflüchte helfen mir.

In Psalm 139 (1-12.23.24) spricht er davon:

»Herr, du erforschest mich und kennest mich. Ich sitze oder stehe auf, so weißt du es; du verstehst meine Gedanken von ferne. Ich gehe oder liege, so bist du um mich und siehst alle meine Wege. Denn siehe, es ist kein Wort auf meiner Zunge, das du, Herr, nicht schon wüsstest. Von allen Seiten umgibst du mich und hältst deine Hand über mir. Diese Erkenntnis ist mir zu wunderbar und zu hoch, ich kann sie nicht begreifen. Wohin soll ich gehen vor deinem Geist, und wohin soll ich fliehen vor deinem Angesicht? Führe ich gen Himmel, so bist du da; bettete ich mich bei den Toten, siehe, so bist du auch da. Nähme ich Flügel der Morgenröte und bliebe am äußersten Meer, so würde auch dort deine Hand mich führen und deine Rechte mich halten. Spräche ich: Finsternis möge mich decken und Nacht statt Licht um mich sein – so wäre auch Finsternis nicht finster bei dir, und die Nacht leuchtete wie der Tag. Finsternis ist wie das Licht (...) Erforsche mich, Gott, und erkenne mein Herz; prüfe mich und erkenne, wie ich's meine. Und siehe, ob ich auf bösem Wege bin, und leite mich auf ewigem Wege.«

Gott lässt solches Gebet nicht unerhört, denn er ist gnädig und barmherzig. Er geht nicht mit uns um, wie wir es verdient hätten. Das durfte auch David erfahren. Gott schickte Nathan, den Weisen, zu ihm, um ihm an einem Gleichnis deutlich zu machen, wie es um ihn steht. Nathan erzählte die Geschichte von einem reichen Mann, der viele Schafe hatte, und einem armen Mann, der nur ein Schaf besaß. Als der Reiche Besuch bekam, ließ er einfach das Schaf des Armen holen und für ein Essen schlachten. Als David diesen Bericht hörte, wurde er ganz zornig und meinte: Dieser Mann ist des Todes schuldig. Da sagte Nathan zu ihm: Du bist dieser Mann! Das traf David. Es gab keine Ausreden mehr. Vorbei war es mit dem Verdrängen, dem so tun »als ob«. So bekannte er:

»Ich habe gesündigt gegen den Herrn« (2. Sam 12, 13).

Sein Beichtgebet, das Bekenntnis seiner Schuld und seine Bitte um Vergebung finden wir in Psalm 51:

»Gott, sei mir gnädig nach deiner Güte und tilge meine Sünden nach deiner großen Barmherzigkeit. Wasche mich rein von meiner Missetat, und reinige mich

74

von meiner Sünde; denn ich erkenne meine Missetat, und meine Sünde ist immer vor mir. An dir allein habe ich gesündigt und übel vor dir getan, auf dass du Recht behaltest in deinen Worten und rein dastehst, wenn du richtest (...) Entsündige mich mit Ysop, dass ich rein werde; wasche mich, dass ich schneeweiß werde. Lass mich hören Freude und Wonne, dass die Gebeine fröhlich werden, die du zerschlagen hast. Verbirg dein Antlitz vor meinen Sünden und tilge alle meine Missetat.« —

Dieses Gebet mündet dann ein in die Bitte: »Schaffe in mir, Gott, ein reines Herz, und gib mir einen neuen, beständigen Geist. Verwirf mich nicht von deinem Angesicht, und nimm deinen heiligen Geist nicht von mir. Erfreue mich wieder mit deiner Hilfe, und mit einem willigen Geist rüste mich aus« (51, 1-6.9-14).

Erkenntnis muss zum Bekenntnis werden, wenn eine Krise zur reifen Zeit, wenn aus Niedergeschlagenheit ein Aufgerichtetsein, wenn ein Neues werden soll.

Ein paar Anmerkungen zu diesem Gebet, die zur eignen Schuldbewältigung hilfreich sein können:

— David bittet um Gnade, nicht um Gerechtigkeit.
  Er bittet um Vergebung, nicht um Mitleid.
  Er bittet darum, dass Gnade im Recht ergeht (V. 3).
— David bittet nicht um Befreiung von der Strafe der Sünde; es geht ihm um die Befreiung von der Sünde (V. 4).
— David bringt keine Selbstrechtfertigung ins Spiel. Er weiß sich selbst verantwortlich — »meine Missetat« (V. 5).
— Für David steht fest: Der Täter bin ich! Die Übertretung ist vor Gott ein Übel. Sie geschah gegen den heiligen,

gerechten Gott, der die Sünde nicht ungestraft durchgehen lassen kann (V. 6).

- David erkennt, dass in ihm nichts Gutes ist, und stellt sich dazu (V. 7).
- Gottes Heiliger Geist deckt auf, offenbart, wie unser innerstes Wesen wirklich aussieht. Dadurch können wir die Wahrheit über uns selbst erkennen. Doch wir müssen dabei nicht stehen bleiben (V. 8).
- David glaubt an die Tatsache der Versöhnung: Ich werde rein sein. Er glaubt an die Anwendbarkeit der Versöhnung: Deswegen bittet er Gott: Entsündige mich. Und er glaubt an die Wirksamkeit der Versöhnung: Weißer als Schnee (V. 9).
- David erfährt: Von Gott geschenkte Freude über empfangene Vergebung wirkt sich auf Leib und Seele aus (V. 10).
- David erkennt: Wenn Gott unsere Sünde nicht tilgt, muss er unseren Namen aus dem Buch des Lebens tilgen (V. 11).
- David erlebt: Gott schenkt ein reines Herz und einen neuen Geist.
  Die Kraft, die diese Umwandlung bewirkt, ist die schöpferische Kraft des Heiligen Geistes. Zur Erlangung dieses Segens kommt man durch das offene Bekenntnis seiner Schuld: »Schaffe in mir, Gott, ein reines Herz, und gib mir einen neuen, beständigen Geist« (V. 12).
- David weiß: Ich verdiene, verworfen zu sein, aber um Gottes willen — wir können heute um so gewisser sagen: um Jesu Christi willen —, der den Zorn Gottes, der uns treffen sollte, auf sich genommen hat, darf ich wieder ungetrübte Gemeinschaft mit Gott haben (V. 13).

— David erlebt: Gott geht nicht mit mir um, wie ich es verdient hätte (V. 14).
— David ist von einem dreifachen Wunsch durchdrungen:
  selbst glücklich zu sein;
  mit neuen Kräften ausgerüstet zu werden;
  für andere nützlich zu sein (V. 15).
— David erkennt: Vergebung von Schuld geschieht allein aus Gnaden (V. 16).

Gott hat sein Gebet erhört und ihm vergeben. Der Jubel seines Heils ist ihm wiedergekehrt. So kann er bezeugen: »Wohl dem, dem die Übertretungen vergeben sind, dem die Sünde bedeckt ist« (Ps 32, 1) — dem geht es gut, der kann aufatmen, von seelischem und körperlichem Druck befreit, der kann in ganz tiefem Sinne glücklich sein. Er ist aufgerichtet!

Hier steht nicht: Wohl dem, der keine Übertretungen, keine Missetat, keine Sünde begangen hat. Sondern »wohl dem«, dem der Herr die Missetat nicht zurechnet. In dessen Leben Gnade im Recht ergeht. Nicht um Vollkommenheit, Perfektionismus, Leistung, nicht mehr versagen, nicht mehr sündigen . . . geht es. In solchem Denken, in solcher Haltung wird Nachfolge zum Stress. Nein, Nachfolge beinhaltet Evangelium, gute, frohe Nachricht: Wohl dem, der mit seinen Sünden zu Gott und seinem Sohn Jesus Christus geht und dort Vergebung erfährt. Gratuliert wird dem, der sich immer wieder ohne Ausreden, ohne Selbstgerechtigkeit, ohne Selbstrechtfertigung, ohne Beschönigung seiner Schuld Gott ausliefert. Er erfährt, dass Vergebung Auswirkungen für den ganzen Menschen hat.

Es ist doch einleuchtend, um an die vorhin genannten Redewendungen anzuknüpfen, wenn Wut, Ärger, Angst,

Bitterkeit, Neid, Eifersucht, Unversöhnlichkeit und Schuld den Geist, die Seele und den Leib krank machen, dass dann Gelassenheit, Freude, Geborgenheit, Friede, Sanftmut, Geduld, Liebe, Versöhnung und Vergebung heilender Medizin vergleichbar sind. Da wird das gesamte Immunsystem unserer Persönlichkeit stabilisiert.

Ein paar Zitate aus den Sprüchen Salomos unterstreichen das: »Ein fröhliches Herz tut dem Leibe wohl; aber ein betrübtes Gemüt lässt das Gebein verdorren« (17, 22). »Ein gelassenes Herz ist des Leibes Leben; aber Eifersucht ist Eiter in den Gebeinen« (14, 30). »Ein freundliches Antlitz erfreut das Herz; eine gute Botschaft labt das Gebein« (15, 30). Tiefe Zusammenhänge von Geist, Seele und Leib werden hier in der Bibel angesprochen.

Befreiung, die Gott gewährt — und wir dürfen bewusst heute sagen: durch Jesus Christus gewährt —, erfasst unsere ganze Existenz. Am Ende von Psalm 32 lesen wir: »Wer aber auf den HERRN hofft, den wird die Güte umfangen. Freuet euch des HERRN und seid fröhlich, ihr Gerechten, und jauchzet, alle ihr Frommen.«

David ist, durch das Bekenntnis seiner Schuld vor Gott und Menschen und die erfahrene Vergebung, heil geworden. Das hat seine Auswirkungen bis in seinen Körper. Erst niedergeschlagen — jetzt aufgerichtet. Er kann sich wieder freuen, er rühmt seinen Gott. Ein neues Lied ist auf seine Lippen gekommen. Klagen und Jammern sind verschwunden.

Das geschieht nicht von selbst. Wer Sünde, schuldhaftes Verhalten nur einsieht und nicht daraus Konsequenzen zieht, wird keine Befreiung erfahren. Einsicht ist gut, ja Voraussetzung für Veränderung, aber eben nur der erste Schritt. Der zweite Schritt muss kommen: das Umdenken. Und ihm folgt die Bitte um Vergebung, als Ausdruck der Sinnesänderung. Die wiederum findet ihren Niederschlag in neuem Sprechen und Verhalten. So wie es dann in Psalm 103 zum Ausdruck kommt, wenn David betet: »Lobe den HERRN, meine Seele, und was in mir ist, seinen heiligen Namen! Lobe den HERRN, meine Seele, und vergiss nicht, was er dir Gutes getan hat ...«

David hat mit Gottes Hilfe diese Krise seines Lebens überwunden. Er ist an ihr gereift. Das kann auch zu Ihrer Erfahrung werden, wenn Sie seinen Weg gehen.

Schuldig —
und vergeben (David)

»Lobe den HERRN, meine Seele, und was in mir ist, seinen heiligen Namen! Lobe den HERRN, meine Seele, und vergiss nicht, was er dir Gutes getan hat: der dir alle deine Sünden vergibt und heilet alle deine Gebrechen, der dein Leben vom Verderben erlöst, der dich krönet mit Gnade und Barmherzigkeit, der deinen Mund fröhlich macht, und du wieder jung wirst wie ein Adler« (Ps 103, 1-5).

Kurz ein paar Vorbemerkungen:

König David war schuldig geworden. Zum Ehebruch, den er begann, kam der befohlene Mord an Uria, dem Mann, den er damit betrog (2. Sam 11). Da Schuld vor Gott nicht durch Verjährung bewältigt wird, wurde sie David in seinem Gewissen so zur Last, dass er darunter zusammenbrach. So suchte er Vergebung bei Gott. Er bekannte seine Schuld — und sie wurde ihm vergeben! Über seine Freude, sein Aufatmen, das ihm damit geschenkt wurde, berichtet er in diesem Psalm 103.

Dieser Psalm ist ein Nachsinnen, ein Nachdenken über Gottes Wesen, seine Eigenschaften und sein wunderbares Handeln. Er ist ein lobpreisendes Echo auf die erfahrenen Wohltaten Gottes.

Hören wir hinein in diesen Psalm:

»Lobe den HERRN, meine Seele ...« — Lobe! Wenn andere schweigen können, so lass sie schweigen. Aber du, meine Seele, lobe den Herrn! Andere mögen murren, du aber lobe! Lass andere sich selbst loben und ihre Götzen; du aber lobe den Herrn!

Wenn andere dich, o Gott, nur mit ihren Lippen loben, so will ich aber sagen: »Lobe den Herrn, meine Seele, und was in mir ist ...« — »... und was in mir ist ...« — das sind meine Gedanken und Absichten, mein Wollen und Fühlen, mein Herz und sicher auch das, was wir heute unsere Nerven nennen würden. Wir haben viele seelische Kräfte, viele Fähigkeiten und Möglichkeiten in uns. Gott hat sie uns alle gegeben, und sie sollen alle in das Lob seines Namens mit einstimmen. Das alles, sich selber ruft er gleichsam zusammen. Und was er sich selber und allem, was in ihm ist, zu sagen hat, das ist dies:

»Lobe (...) seinen heiligen Namen ...« — Ehe der Psalmist sich die Wohltaten Gottes ins Gedächtnis ruft, mit welchen der Herr ihn beschenkt hat, ermuntert er sich, den Namen Gottes, in dem allein nur Heil ist, zu loben. Darüber liest man beim Betrachten dieses Psalmes so leicht hinweg. Und doch ist gerade diese Reihenfolge, die das Lob des heiligen Namens Gottes dem Dank für seine Wohltaten vorordnet, von besonderer Bedeutung. Wird nämlich der Herr nur um seiner Wohltaten, nicht aber um seiner selbst willen gelobt — weil Gott Gott ist —, so ist das Gotteslob ein ganz armes, denn es ist mit Eigensucht vermischt. Gott hat viele Kostgänger, deren Lob und Dank nur so weit reichen, als sie seine schenkende Güte an sich selbst erfahren. — Anders der Psalmist: Dem heiligen Namen des Herrn gilt sein Lob. Dieser Herr ist ein lebendiger, machtvoller handelnder Gott, heilvoll; mit rettender Kraft greift er in die Lebensgeschichte des Menschen ein, wo dieser sich nicht dagegen sperrt.

Darum des Psalmisten nochmalige Aufforderung an seine eigene Seele — als könnte er das vergessen: »Lobe den

Herrn, meine Seele …, und vergiss nicht, was er dir Gutes getan hat …«

Wir halten gerne Erinnerungen an Trübsale fest und vergessen leicht die Segnungen unseres Gottes. Lasst uns unsere Tagebücher — die echten und die des Gedächtnisses — noch einmal durchgehen und nachsehen, ob da nicht besondere Wohltaten Gottes verzeichnet sind, für die wir noch nicht richtig gedankt haben!

»Vergiss nicht!« ist eine Ermutigung zum Drandenken, zum Danken. Wer dankt, steht im Einflussbereich göttlichen Segens.

David zählt nun die einzelnen Gründe, die sein Leben erst im Vollsinn dessen, was die Bibel Leben nennt, zum Leben gemacht haben, auf: »… der dir alle deine Sünden vergibt …« Gott ist der Vergebende! In Jesus Christus — durch sein stellvertretendes Leiden und Sterben — hat Gott die Welt mit sich selbst versöhnt und uns damit seine Liebe zu uns gezeigt. Jeder Mensch nun, der Jesus Christus als seinen Retter, seinen Heiland und Herrn annimmt, d. h. ihm vertraut, ihn liebt und ihm gehorsam sein will, der hat damit die Vergebung aller seiner Schuld und ist somit ein Kind Gottes. Der Apostel Johannes schreibt dazu: »Wenn wir aber unsere Sünden bekennen, so ist er treu und gerecht, dass er uns die Sünden vergibt und reinigt uns von aller Ungerechtigkeit« (1. Joh 1, 9). Wer die Vergebung seiner Schuld empfangen hat, der kann aufatmen. Die alte Lebensschuld braucht ihn nicht mehr zu belasten, denn was Gott vergeben hat, das hat er ein für allemal vergeben!

Vergebung ist die unerlässliche Vorbedingung und Grundlage für den Empfang all der Gaben, die David dann weiter aufzählt. Vergebung ist das zentrale Problem aller

Beziehungen: zu Gott, zum Nächsten und zu mir selbst. Ehe uns Vergebung zuteil geworden ist, sind Heilung, Befreiung und Befriedigung der Seele uns unbekannte Segnungen. Die Erlassung der Lebensschuld ist ein Gut, dessen wir uns in der Gegenwart erfreuen dürfen, denn Gott hat vergeben. Ja, sie ist ein dauerndes Gut, denn Gott vergibt immer noch. Er bleibt der Vergebende. Diese seine Vergebung misst sich nicht nach Menschenmaß und -art, denn sie ist göttlich. Sie ist umfassend, denn sie nimmt alle unsere Sünden weg.

Die Auswirkungen dieser Vergebung sind:

»Er heilet alle deine Gebrechen ...« Gott ist der Heilende! Da geht es um den inneren Zusammenhang von Heil – Heiligung – Heilung, z. B. um innere Heilung von seelisch-geistlichen Verletzungen im Zusammenhang mit Bitterkeit.

Gott ist der Heilende. Das heißt doch, dass er uns so heilt, wie unsere Krankheit es jeweils erfordert. Nicht eine einzige Krankheit unserer Seele überfordert sein Können. Er kann alle heilen, und er wird es auch tun, wenn es für unser Wohlergehen gut ist.

David hat das an sich selbst erfahren. In Psalm 32 bekennt er:

»Wohl dem, dem die Übertretungen vergeben sind, dem die Sünde bedeckt ist! Wohl dem Menschen, dem der HERR die Schuld nicht zurechnet, in des Geist kein Trug ist! Denn als ich es wollte verschweigen, verschmachteten meine Gebeine durch mein tägliches Klagen. Denn deine Hand lag Tag und Nacht schwer auf mir, dass mein Saft vertrocknete, wie es im Sommer dürre wird. Darum bekannte ich dir meine Sünde, und meine Schuld verhehlte ich nicht. Ich sprach: Ich will dem HERRN meine Übertretungen bekennen. Da vergabst du mir die Schuld meiner Sünde ...« (V. 1-5).

Wenn also durch Vergebung die *Ursache* der Sünde weggenommen ist, verschwindet oft auch die *Auswirkung* der Sünde. Gerade bei den vielen psychosomatisch erkrankten Menschen ist das immer wieder festzustellen. Aber auch um Heilung von rein körperlichen Krankheiten kann es gehen. Auch dafür haben wir Zeugnisse im Alten und Neuen Testament, dass Gott für sein Handeln keine Grenzen gesetzt sind. Und doch ist Gesundheit mehr als nur die Abwesenheit von Krankheit. Sie ist die heile Beziehung zu Gott und damit auch das Ausgesöhntsein mit sich selbst. Darum wage ich nicht zu sagen, welcher der vier Wege der bessere ist:

— Heilung der Krankheit — Gott schenkt Gesundung
— Besserung der Krankheit — Gott schenkt neue Kräfte
— Stillstand der Krankheit — Gott schenkt Geduld
— Leben mit der Krankheit — Gott schenkt Kraft zum Tragen

Auch hier gilt: Gott gibt denen das Beste, die ihm die Wahl lassen (Röm 8, 28). Wir erwarten nicht Wunder um der Wunder willen, sondern dass der Name Gottes gepriesen werde. Gott bereitet sich Lobpreis bei denen, die ein Leben lang auf dem Krankenlager liegen, und bei denen, die er aufstehen lässt in Gesundheit und neuer Kraft. Darum soll die Hauptsache die Hauptsache bleiben: die Ehre, der Preis, die Verherrlichung und Anbetung seines Namens (Ps 50, 14.15.23).

Im Neuen Testament erfahren wir, dass die Heilungen, die Jesus tat, Zeichen für den Anbruch des Reiches Gottes sind. Das gilt bis heute. Sie sind Angeld auf das Leben, welches Jesus das ewige Leben nennt. Von daher stimmt das schon: »... und heilet alle deine Gebrechen.« Wer ein Eigentum Jesu ist, hat das ewige Leben und wird auch durch Krankheit und Sterben nicht davon abgehalten, weil an denen, die in Jesus Christus sind, nichts Verdammliches mehr ist (Röm 8, 1; 1. Kor 15). Sie sind richtig vor Gott.

Davon spricht die zweite Auswirkung der Vergebung: *»Er erlöst dein Leben vom Verderben«* — Gott ist der Erlöser!

Er schenkt uns nicht nur eine bereinigte Vergangenheit, sondern auch eine hoffnungsvolle Zukunft. Wir sind vom geistlichen Tod erlöst, dem wir verfallen waren, befreit von der sonst unausbleiblichen Folge: der ewigen Gottestrennung. Würde die durch die Sünde, also unsere Rebellion, unseren Eigenwillen erwirkte Todesstrafe nicht von uns genommen — durch Jesu stellvertretendes Leiden und Sterben —, und hätte Gott diesen seinen Sohn nicht vom Tode auferweckt zu neuem Leben, so wären Vergebung und Heilung nur eine unvollkommene Rettung. Sie hätten wenig Wert. Nein, es geht um die Aufhebung unseres Todesurteils, es geht um ewiges Leben. Die Angst, es einmal doch heimgezahlt zu bekommen, darf ein für allemal schwinden. Wir sind Erlöste. Wir haben ewiges Leben! »Alle, die an ihn — an Jesus Christus — glauben, haben ewiges Leben.« Wir müssen nicht in immer wiederkehrenden Geburten unsere Schuld abtragen und Leistungen erbringen (Joh 3, 15.16). Wir sind erlöst! Wir werden den Tod = Gottestrennung nie sehen!

»Er krönt uns mit Gnade und Barmherzigkeit« — das ist die dritte Auswirkung der Vergebung. Gott ist der Erbarmer! Unser Gott tut nichts Halbes. Uns zu reinigen, zu heilen und zu heiligen, uns zu erlösen ist für ihn nicht genug. Er schenkt uns Kindesrecht aus freien Stücken. Gnade ergeht im Recht.

Die Sünde hatte uns unsere ganze Ehre geraubt. Wir müssten eigentlich als Verräter behandelt werden. Wir sind strafwürdig. Aber Gott, der die Todesstrafe um Jesu willen von uns genommen hat, schenkt uns viel mehr als unsere frühere Ehre zurück: Er krönt uns ganz neu. Wir sind nicht mehr nur seine Geschöpfe. Er macht uns zu seinen Kindern. Wir haben Anteil am Leben Gottes und sind Erben, Miterben Jesu Christi in der neuen Welt Gottes, zu der wir berufen sind. Von dieser neuen Welt Gottes schreibt Johannes:

»Siehe da, die Hütte Gottes bei den Menschen! Und er wird bei ihnen wohnen, und sie werden sein Volk sein, und er selbst, Gott, mit ihnen, wird ihr Gott sein; und Gott wird abwischen alle Tränen von ihren Augen, und der Tod wird nicht mehr sein, noch Leid noch Geschrei noch Schmerz wird mehr sein; denn das Erste ist vergangen« (Off 21, 3 ff.).

Wie sollten wir für solche Zusagen ihn nicht anbeten, unseren Gott, und seinen Namen preisen! Unser Leben bekommt aufgrund dieser Perspektive eine völlig neue Wertung. Da lebt sich's anders! Wo unser gottvertrauendes Denken davon geprägt ist: Ich bin ein Kind Gottes. Nichts und niemand kann uns aus Gottes Hand reißen (Röm 8, 31 ff.).

Die vierte Auswirkung der Vergebung ist:

»Er macht deinen Mund fröhlich« — Gott ist der Freudenbringer! Gott sättigt unsere Seele mit Gutem. Freude, die aus der Gewissheit der Vergebung meiner Sünden, aus der lebendigen Gemeinschaft mit Gott kommt, ist heilende Medizin für unsere ganze Persönlichkeit von Geist, Seele und Leib. Außer denen, die zu Gott gehören als seine Kinder, erfährt kein Mensch im Leben vollkommene Befriedigung und Erfüllung. Und auch den Gläubigen kann nur Gott selbst ganz befriedigen. Nur so kann die alte Leier des Klagens und Jammerns verstummen und ein neues Lied über unsere Lippen kommen. So hungrig und unersättlich der Mensch vorher war, so völlig befriedigt und erfüllt — eben sinnvoll — wird sein Leben nun durch Gott, wenn er für sich persönlich annimmt, was Gott ihm schenkt: Vergebung, das ist Lebenserfüllung. Unser Gott schenkt wirklich gute Gaben, nicht leere Vergnügungen. Und dieses Gute schenkt er ständig, jeden Tag neu, so dass unser Herz von Augenblick zu Augenblick befriedigt und erfüllt sein kann.

Und damit kommen wir zur fünften und letzten Auswirkung der Vergebung:

»... dass du wieder jung wirst ...« — Gott ist der Lebenserneuerer!

Hier ist das Bild der Mauserung des Adlers, der ein neues Gefieder bekommt, gebraucht. Gott schafft Neues. Das Alte darf zurückgelassen werden, weil er es so will. Auf dem Weg zum ewigen Leben dürfen und sollen wir unsere Lasten, die uns beschweren, ablegen. Wir sollen sie Jesus abgeben, der für uns sorgen will. Nur wenn wir das praktizieren, erfahren wir: »... ob unser äußerlicher Mensch verdirbt, so wird doch der innerliche von Tag zu

Tag erneuert.« — Diese Erneuerung findet ihre Krönung in der Ewigkeit, das ist dann tatsächlich »New age« — das neue Zeitalter.

Gott will, dass jeder daran teilhat, weil er will, dass wir uns auf seine Kosten verwirklichen! — Diese einzigartige gute Nachricht ist es wert, mit innerer Überzeugung weitergesagt zu werden, damit noch viele Menschen, die das Leben suchen, es in Jesus finden!

Schwach —
und stark (Paulus)

»Gerühmt muss werden; wenn es auch nichts nützt, so will ich doch kommen auf die Erscheinungen und Offenbarungen des Herrn. Ich kenne einen Menschen in Christus; vor vierzehn Jahren — ist er im Leib gewesen? Ich weiß es nicht; oder ist er außer dem Leib gewesen? Ich weiß es nicht; Gott weiß es —, da wurde derselbe entrückt bis in den dritten Himmel. Und ich kenne denselben Menschen — ob er im Leib oder außer dem Leib gewesen ist, weiß ich nicht; Gott weiß es —, der wurde entrückt in das Paradies und hörte unaussprechliche Worte, die kein Mensch sagen kann.

Für denselben will ich mich rühmen; für mich selbst aber will ich mich nicht rühmen, außer meiner Schwachheit. Und wenn ich mich rühmen wollte, wäre ich nicht töricht; denn ich würde die Wahrheit sagen. Ich enthalte mich aber dessen, damit nicht jemand mich höher achte, als er an mir sieht oder von mir hört. Und damit ich mich wegen der hohen Offenbarungen nicht überhebe, ist mir gegeben ein Pfahl ins Fleisch, nämlich des Satans Engel, der mich mit Fäusten schlagen soll, damit ich mich nicht überhebe. Seinetwegen habe ich dreimal zum Herrn gefleht, dass er von mir weiche. Und er hat zu mir gesagt: Lass dir an meiner Gnade genügen; denn meine Kraft ist in den Schwachen mächtig. Darum will ich mich am allerliebsten rühmen meiner Schwachheit, damit die Kraft Christi bei mir wohne. Darum bin ich guten Muts in Schwachheit, in Misshandlung, in Nöten, in Verfolgungen und Ängsten, um Christi willen; denn wenn ich schwach bin, so bin ich stark!« (2. Kor 12, 1-10).

»Meine Kraft ist in den Schwachen mächtig.« Solch ein Wort tut uns gut. Es nennt Gottes Kraft und unsere Schwachheit in einem Atemzug. Es verbindet, was uns oft sehr weit auseinander liegend vorkommt.

Ein mutmachendes Wort: Es gibt nicht nur unsere Schwachheit, es gibt nicht nur all die vielen Dinge, die uns zu schaffen machen, mit denen wir nicht zurechtkommen. Es gibt auch meine Kraft, sagt der lebendige Herr. Ich bringe eure Schwachheit mit meiner Kraft zusammen. Und daraus entsteht etwas ganz Neues. »Meine Kraft ist in den Schwachen mächtig!« – Das ist frohe Botschaft!

Glauben wir sie, diese frohe Botschaft? Nicht, dass das so in der Bibel steht, dass das schon stimmt, theoretisch als Glaubenssatz oder für andere. Ein schöner Spruch also! – Nein, dass das für Sie, für mich ganz persönlich stimmt: »Meine Kraft ist in den Schwachen mächtig!«

Ich stelle diese Frage, weil ich sie mir schon selbst oft gestellt habe und immer wieder stelle, was z. B. meine Schwachheit – ehrlicher: meine Schwachheiten – betrifft. Ich meine nicht nur körperliche Gebrechen, seelische Nöte, nein, auch Schwachheiten im Glauben, im Vertrauen, im Geduld-Üben, eben auch im geistlichen Bereich.

Und ich stelle mir diese Frage auch im Blick auf die Nöte und Sorgen, den Kummer und die Konflikte, die Ängste und Anfechtungen, die mir in der Brief- und Telefonseelsorge mitgeteilt werden. Da ist von viel Schwachheit die Rede. – Stimmt das denn, dieses Wort: »Meine Kraft ist in den Schwachen mächtig«? Nehme ich es für mich an? Glaube ich es, wenn ich es anderen zuspreche?

Es ist ja nicht ein Wort, das man einfach dahinspricht, kein selbstlaufendes Wort. Dieses Wort: »Meine Kraft ist in den Schwachen mächtig«, ist erst nach mühsamen Fragen und Kämpfen, nach ernsthaftem Ringen und Flehen gesprochen bzw. geschrieben worden, ja zur Erfahrung geworden. Paulus hat es uns weitergegeben.

Um es recht zu verstehen, müssen wir uns mit ihm und der Lebenslage beschäftigen, in der er sich befand, als er diese Worte niederschrieb. Im 2. Korintherbrief steht dieses Wort, Kapitel 12, Vers 9. Paulus hat diese Gemeinde in Korinth gegründet. Und als er von ihr weiterzieht, bleibt er in Briefverkehr mit ihr, weil er sich für sie verantwortlich weiß. Während seines Wegseins übernehmen in der Gemeinde andere Leute das Sagen. Sie wollen Einfluss und Macht. Und sie rühmen sich durch Wundertaten und Offenbarungen. Es entstehen Spannungen in der Gemeinde.

Als Paulus davon erfährt, macht er einen Besuch in der Gemeinde, aber richtet dabei nichts aus. Im Gegenteil: Man macht ihm den Vorwurf: Wenn du weg bist, kannst du große Briefe schreiben, aber wenn du dann da bist, gibst du eine ganz schwache Figur ab. Es geht keine Ausstrahlung von dir aus. Wo ist denn deine Kraft, dein Glaube, deine Vollmacht?

Eigentlich auch für unsere Tage keine fremde Situation. Mir begegnen immer wieder solche Menschen, die von ihren Erfahrungen im Glauben so berichten, von ihren Gebetserhörungen so sprechen und davon, wie klar sie Gottes Wort in einer bestimmten Lebenslage vernommen haben, dass es da überhaupt kein Problem gibt, dass alles eindeutig und klar ist, dass ich mir dann immer so klein, oft auch hilflos vorkomme. Ich werde durch deren Zeugnis aber nicht ermutigt, sondern entmutigt.

Ich erinnere mich an ein Seminar zum Thema »Dankbarkeit«. Nach einem Vortrag saßen wir zum Gedankenaustausch in der Runde zusammen. Die Anregung der Gesprächsleiterin, doch etwas zu diesem Thema aus eigener Erfahrung zu sagen, nahm eine Frau auf. Sie berichtete, wie froh und dankbar sie jeden Morgen aufstehe und in und durch den Tag gehe. Ein anderer Gesprächsteilnehmer nahm diesen Akzent auf, auch ein dritter, ein vierter und ein fünfter. Mir wurde immer unwohler, als plötzlich alle nur mit dankbarem Herzen jeden Tag in und durch den Tag gingen. Ich fühlte mich ganz mächtig unter Druck gesetzt. Lebten diese Menschen in einer anderen Welt als ich?! – Da meldete sich eine Krankenschwester zu Wort. Mit fast von Tränen erstickter Stimme meinte sie: »Ich glaube, ich gehöre hier nicht her. Bei mir sieht das gar nicht so aus. Ich stehe oft mit schwerem Herzen auf, mit Angst vor den Herausforderungen des Tages. Mir ist oft mehr nach Bitten als nach Danken zumute. Und wenn ich dann den ganzen Tag mit den Schwerkranken zusammen bin, bin ich froh, wenn ich am Abend abschalten kann, vielleicht dann auch Worte des Dankes finde für alle Hilfe, die ich an diesem Tag bekam.«

Eine andere Frau aus dem Kreis meldete sich zu Wort und dankte der Schwester für ihre Offenheit, für ihren Mut, zu sagen, wie bei ihr der Tagesanfang auch aussehe. Auch sie sei nicht immer obenauf. Es war eigenartig, nun gaben auch die anderen zu, dass auch sie Tage kennen, wo ihnen nicht nur zum Danken zumute ist.

Eine neue Atmosphäre war in der Gesprächsrunde entstanden. Die Spannung war fruchtbar geworden, die

Herzen offener, weil man aufrichtiger miteinander umging.

Wir müssen Acht geben, dass unser gut gemeintes Zeugnis wahr bleibt und damit tragfähig, dass es zu Jesus einlädt und nicht abstößt. Permanenter Optimismus kann entmutigen statt ermutigen. Das heißt nun nicht — damit mich niemand falsch versteht —, wir sollen mit unseren Sorgen und Nöten, unserem Kummer und unseren Anfechtungen hausieren gehen. Nein, das nicht, aber ehrlich bleiben, aufrichtig. Das ist überzeugender, einladender!

Ich habe da in meinem Leben manches, auch durch eigene notvolle Betroffenheit, gelernt. Was mir Hörer geschrieben haben, hat einen Umdenkprozess bei mir eingeleitet, hat mir ganz wesentlich geholfen. Wenn da also zu lesen war: »Ihnen und anderen Verkündigern im ERF hilft Gott immer, da geht alles auf«, dann habe ich mich gefragt: Habe ich zu sicher gepredigt? Habe ich den Eindruck vermittelt, ich stehe über den Problemen? Habe ich Patentantworten weitergegeben, die es gar nicht gibt? Habe ich damit enttäuscht statt ermutigt; gut gemeint, aber falsch!?

Gott sei Dank — das meine ich wortwörtlich — bekomme ich heute andere Sätze zu lesen und zu hören, z. B.: »Sie zeigen mir Ihre Narben; das ermutigt mich, Ihnen meine Wunden zu zeigen.« Oder: »Ihr Ehrlich-Sein hilft auch mir, ehrlich zu werden.«

Doch zurück zu Paulus. Was soll er machen, wenn seine Gegner seine Vollmacht, seinen Glauben in frage stellen? — Er reagiert auf eine Art und Weise, die er sonst strikt ablehnt.

Dem Sich-Rühmen dieser Leute und dem Zur-Schau-Stellen ihres Glaubens begegnet er mit Selbstruhm (nachzulesen im Kapitel vor unserem Textwort). Pluspunkt für Pluspunkt seines Lebens zählt er auf. Er schämt sich nicht zu sagen, was er getan und erlebt hat. Er sagt allerdings auch, dass dies nicht im Sinne seines Herrn ist: Stolz auf eigenes Können, Prahlerei mit eigenen Leistungen baut Gemeinde nicht auf. — Aber er tut es doch, und das ist irgendwie tröstlich, dass Paulus, der diesen Korinthern auch das Kapitel 13 in seinem 1. Brief geschrieben hat: »... die Liebe eifert nicht, sie bläht sich nicht auf ...«, dass dieser Paulus sich so ganz menschlich gibt.

Paulus schreibt nicht nur, was er erlebt und getan hat, er weist auch auf seine besonderen Glaubenserfahrungen hin: »Ich kenne einen Menschen in Christus ... da wurde derselbe entrückt bis in den dritten Himmel ... und hörte unaussprechliche Worte ...« Er muss dem Prahlen seiner »Überapostel« (2. Kor 11, 5), wie er sie nennt, nicht nachstehen. Er hat viel mehr erfahren und erlebt. Aber dann fügt er noch etwas an, mit dem er wieder Pluspunkte einbüßt. Ich lese einmal den Zusammenhang, in dem unser Text steht:

»Und damit ich mich wegen der hohen Offenbarungen nicht überhebe, ist mir gegeben ein Pfahl ins Fleisch, nämlich des Satans Engel, der mich mit Fäusten schlagen soll, damit ich mich nicht überhebe. Seinetwegen habe ich dreimal zum Herrn gefleht, dass er von mir weiche. Und er hat zu mir gesagt: Lass dir an meiner Gnade genügen; denn meine Kraft ist in den Schwachen mächtig (wörtlich: denn die Kraft kommt in Schwachheit zum Ziel. Anm. d. Vf.). Darum will ich mich am allerliebsten rühmen meiner Schwachheit, damit die Kraft Christi bei mir wohne (wörtlich: Deshalb bejahe ich meine Schwachheit, auf dass die Kraft Christi bei mir wohnt, Anm. d. Vf.). Darum bin ich guten Mutes in Schwachheit, in Misshandlungen, in Nöten, in Verfolgungen und Ängsten, um Christi willen; denn wenn ich schwach bin, so bin ich stark« (2. Kor 12, 7 - 10).

Wir wüssten natürlich sehr gerne, was dieser Pfahl im Fleisch des Paulus gewesen ist. Die Ausleger sind da verschiedener Meinung. Einige haben an ein Augenleiden gedacht, weil Paulus den Galatern einmal schreibt, dass sie bereit gewesen wären, ihre Augen für ihn zu opfern. Andere haben an Epilepsie gedacht, an Nervenschwäche, an Depressionen. Andere vermuten ein Schuldgefühl. Wieder andere meinen, es wäre des Apostels Angst um Israel, dass es doch ja auch gerettet würde ... Wir wissen nicht, was dieser Pfahl im Fleisch war. Vielleicht ist es sogar gut so. Aber wir wissen, wie Paulus mit dieser Schwachheit umgegangen ist.

Niemand hatte ihn gezwungen, darüber offen zu sprechen. Er tut es aus freien Stücken. Er spricht in diesem Zusammenhang von »Satans Engel«. Ja, er muss zugeben, dass seine Gebete, ihn von dieser Not zu befreien, nicht erhört worden sind. Was gibt er sich da preis! Welche Angriffsflächen werden da frei: »Paulus hat es mit dem Satan zu tun. Gott hört seine Gebete nicht mehr!« — Hat er jetzt nicht total verspielt in dieser Gemeinde — und das aus eigener Schuld? Wie kann man nur so dumm sein und sich so offenbaren! Wer stellt sich schon selbst so bloß! Wie kann man nur so seine Schwierigkeiten preisgeben, so offen sein?!

Paulus kann so reden, so ehrlich sein, weil er nichts zu verbergen hat. Er kann sein, wer er ist. Er braucht keine Angst zu haben, sein Ansehen zu verlieren. Es geht ja letztlich gar nicht um ihn. Es geht ja um seinen Herrn. Es geht um seine neue Einstellung, die er einmal im Galaterbrief (2, 20) so formuliert: »Ich lebe, doch nun nicht ich, sondern Christus lebt in mir.« Es geht darum, dass deutlich wird: »Meine Kraft (des Herrn Kraft) ist in den Schwachen mächtig.« Wo des Herrn Kraft mit unserer Schwachheit zusammenkommt, entsteht Neues! Welch ein grenzenloses Vertrauen spricht aus solchen Worten, welche Liebe, welche Verbundenheit!

Ob wir dieses Wort jetzt etwas besser verstehen: »Meine Kraft ist in den Schwachen mächtig«? — »Die Kraft kommt in Schwachheit zum Ziel.« — Wir wollen nicht schnell unsere Nöte, unseren Kummer und unsere Sorgen und Anfechtungen mit dem Pfahl im Fleisch des Apostels Paulus gleichsetzen. Und doch können wir daraus Entscheidendes lernen: Acht geben bei allem, was so selbstsicher daherkommt. Acht geben, wenn jemand *seine* geistlichen Erfahrungen und Gebetserhörungen anpreist. Achtgeben, wenn jemand sagt: »Du musst nur richtig glauben, du musst nur richtig beten, dann wird alles gut.« Achtgeben, wenn jemand sagt: »Ach lass das doch! Warum hast du Angst? Du brauchst doch keine Angst zu haben ...« — Manchmal, denke ich, hilft uns bereits die ganz einfache Frage: Wem gleicht dieser Mensch mehr, dem, der gut gemeint einfach so drauflos ermutigt mit *seinen* Erfahrungen, oder dem, der um den Pfahl im Fleisch weiß und daher auch in seiner Ermutigung barmherzig ist; der darum weiß, wie viel Trost angeweint ist?

Eine Anmerkung an dieser Stelle, damit man mich nicht missversteht: Ich meine nicht, es sei alles gut, wenn es nur recht schwach und jämmerlich, immer mit Angst und Defensive zuginge in der Nachfolge. Die Schwachheit als solche ist nicht besser als Gesundheit und Kraft. Paulus hat ja um Besserung gebetet, und sein Gebet wäre ja falsch gewesen, wenn die Schwachheit als solche eine höhere Qualität hätte. — Er kann ja sagen: Ich habe mit großer Ausdauer Zeichen und Wunder und machtvolle Taten in Korinth vollbracht (2. Kor 12, 12). Hier wird also nicht die Schwachheit zum Prinzip gemacht und die Faulheit oder die Resignation gestärkt. Es werden auch nicht die Leute fertig gemacht, die etwas können und dieses ihr Können ganz einsetzen.

»Meine Kraft kommt in der Schwachheit zum Ziel!« — Sind wir denn schwach? Stehen wir dazu? Sie, ich? — Ja, natürlich sind wir schwach, stehen wir in Gefahr zu sagen, denn wir wissen ja um diesen Satz aus dem Johannes-Evangelium: »Ohne mich könnt ihr nichts tun« (Joh 15, 5). Also sind wir schon schwach. Aber können wir das auch ehrlich zugeben, ganz aufrichtig dazu stehen, dass er in uns mächtig ist?! Er kommt in unserer Schwachheit zum Ziel! Können wir ganz einfach sagen: Ich kann nicht mehr, nicht mehr beten, nicht mehr lieb haben, nicht mehr ein freundliches Gesicht machen, obwohl man es ja ständig von mir erwartet. Ich kann nicht mehr lachen, ich muss mal weinen. Können wir uns das leisten in der Gemeinde, der Bibelstunde, dem Frauenkreis, der Jugendstunde, im Seniorenkreis, dort, wo wir uns zur Gemeinschaft einfinden? Können wir es in der Familie, im Verwandten-, Bekannten- und Freundeskreis?

Ich habe da immer wieder meine eigene Not, wenn mich jemand fragt: »Wie geht's?« — Soll ich sagen, wie es mir geht? Mich preisgeben? Versteht man mich? Wie denkt man dann über mich? — Soll ich nun sagen: »Danke«? Aber was sagt das: »Danke, gut; danke, schlecht«? Manchmal sage ich: »Durchwachsen.« Das meint: nicht schlecht, nicht gut. Jeder kann sich herausnehmen, was er hören will. – Soll ich sagen: »Nicht gut«? Es macht mir dann manchmal schon Mühe, so ganz offen zu meiner Schwachheit, meinen Begrenzungen und Einschränkungen zu stehen. Wer will letztlich nicht stark sein – auch und gerade vor den anderen?

Vielleicht kennen Sie aus eigener Betroffenheit ganz ähnliche Überlegungen. Und Sie wissen auch, dass es einem nach solchem Verschweigen und Verstecken der eigenen Schwäche gar nicht unbedingt besser, sondern oft noch schlechter geht. Dieses »tun, als ob« kostet so viel Kraft. Man investiert an falscher Stelle. Die Kraft, die man zum »als ob« braucht, fehlt dann, um entweder mit dieser Schwäche zu leben oder aus ihr herauszukommen. Ich meine: Wir dürfen nicht nur schwach sein und das eingestehen, wir *müssen* es sogar, wenn wir wieder stark werden wollen!

Paulus spricht von seiner Schwachheit als von einer Hilfe dazu, dass er sich nicht überhebt. Dieses Wort »überheben« hat ja zweierlei Bedeutung: Es kann gebraucht werden im Sinne von »überheblich«, zu hoch von sich selbst denken. Es kann aber auch meinen, dass sich einer »überhebt«, zu viel heben will; heben will, was über seine Kräfte geht.

Ich habe in meinem Beruf als Brief- und Telefonseelsorger erfahren, dass viele Menschen – auch in der Gemeinde – über ihre Kräfte leben: Hausfrauen nicht weniger als Direktoren, Schüler genauso wie Pastoren. Sie meinen, sie müssten es schaffen. Die vielfältigen Aufgaben sind wichtig, ganz gewiss, sie sind auch da. Aber nicht wir bauen das Reich Gottes. Es ist unter uns, und ER baut es mit uns. ER kommt mit seiner Kraft durch unsere

Schwachheit zum Ziel. Wir sind nicht mächtig, noch weniger allmächtig, aber wir kennen den, dem alle Macht gegeben ist im Himmel wie auf Erden. Und zu ihm darf ich kommen, zu ihm darf ich beten, ihn kann ich bitten.

Noch ein Gedanke: Für Paulus ist Schwachheit ja nicht nur eine notwendige pädagogische Maßnahme seines Herrn, sich nicht zu überheben. Er meint auch nicht: Die Kraft kommt trotz der Schwachheit zum Ziel. Nein, er sagt: Die Kraft kommt in der Schwachheit zum Ziel. Schwachheit, meine Schwachheit, und Gottes Kraft gehören untrennbar zusammen. Es stimmt, was Johannes der Täufer bereits feststellte: »Er muss wachsen, ich aber muss abnehmen« (Joh 3, 30).

Paulus denkt hier ganz zentral an Jesus. Ich habe mich früher immer gewundert, warum Paulus nur dreimal um Hilfe gebetet hat. Dann musste ich an Jesus denken. Auch er hat »nur« dreimal darum gebetet, dass der Kelch an ihm vorübergehen möge. Hier ist eine tiefe Solidarität mit Jesus, der gesagt hat: »Der Knecht ist nicht größer als sein Herr« (Joh 13, 16). »Haben sie mich verfolgt, so werden sie euch auch verfolgen« (Joh 15, 20); »Wer mir nachfolgen will, der verleugne sich selbst und nehme sein Kreuz auf sich und folge mir nach« (Mk 8, 34).

Die Schwachheit des Paulus bringt ihn ganz in die enge Gemeinschaft mit Jesus. Diese Schwachheit ist nicht irgendein Mangel, ein Versagen, sondern die andere Seite, dass er Jünger, Nachfolger des Gekreuzigten ist. Er hat Teil an der Machtlosigkeit, der Schmach, den Leiden seines Herrn. Er steht zu dieser Schwachheit, weil sie ausweist, dass er zu Jesus gehört. — Etwas, was viele vergessen haben, ja, was sie gar nicht wahrhaben wollen als wesentlichen Teil ihrer Nachfolge. So wie die Schwachheit, das Leiden Jesu nicht vergeblich gewesen ist, sondern die Erlösung der Welt bewirkte, so ist das Leiden des Paulus auch nicht vergeblich. Es bezeugt die Größe, die Macht, die Kraft Jesu. So kommt in der Schwachheit des Paulus die Größe seines Herrn wirklich zum Tragen. Des Paulus Schwachheit lässt des Herrn Herrlichkeit und Kraft so transparent werden, dass andere diese Herrlichkeit auch erkennen.

Es ist nicht leicht, sich auf solche Gedanken göttlicher Logik einzustellen. Wer's tut, erfährt: Es geht eine wunderbare Befreiung davon aus. Ich muss nicht der Held sein, der große Mann, die tüchtige Frau, immer leisten, immer beweisen. Was denn leisten, was beweisen? Dass Jesu Kraft in meiner Schwachheit zum Ziel kommt?! – Das beweist er, wenn ich mich ihm und seiner Gnade überlasse. Alles, Herr, bist du; nichts hab ich zu bringen. Ich darf den Satz aussprechen: Ich bejahe meine Ohnmacht, meine Nöte, meine Ängste, denn wenn ich dazu stehe und deiner Gnade vertraue, wenn ich schwach bin, dann bin ich stark, denn ich erfahre deine Hilfe, deine Kraft!

Probieren Sie es doch einmal aus, was passiert, wenn Sie Ihre Schwachheit zugeben, wenn Sie Mut zur Schwäche haben, ob Sie nicht auch diese Erfahrung machen!

Entmutigt —
und ermutigt (Paulus)

»Denn wir wollen euch, liebe Brüder, nicht verschweigen die Bedrängnis, die uns in der Provinz Asien widerfahren ist, wo wir über die Maßen beschwert waren und über unsere Kraft, so dass wir auch am Leben verzagten und es bei uns selbst für beschlossen hielten, wir müssten sterben. Das geschah aber, damit wir unser Vertrauen nicht auf uns selbst setzen, sondern auf Gott, der die Toten auferweckt, der uns aus solcher Todesnot errettet hat und erretten wird. Auf ihn hoffen wir, er werde uns auch hinfort erretten. Dazu helft auch ihr durch eure Fürbitte für uns, damit unsertwegen für die Gabe, die uns gegeben ist, durch viele Personen viel Dank dargebracht werde« (2. Kor 1, 8-11).

Paulus war in eine Lebenslage geraten, die ihn völlig verzagt werden ließ. Er schrieb den Korinthern: Liebe Brüder, wir wollen euch nicht verschweigen, dass wir maßlos beschwert, völlig am Ende, total rat-los waren und für uns keinen Weg mehr sahen. Wir verzweifelten am Leben. Wir mussten lauter Schlusspunkte setzen ... — Darf ein Apostel »auf-geben«? Darf ein Christ am Ende sein? Etwas für verloren ansehen, keine Hoffnung mehr haben, aufstecken?

Es hat wohl zu allen Zeiten unter Gläubigen die Auffassung gegeben, das sei unter der Würde eines Christen. Im Leben eines Christen hieße es: »Immer fröhlich, immer fröhlich, alle Tage Sonnenschein ...« Ein Christ stehe über diesen Dingen. Er habe Haltung zu bewahren, keine Schwäche zu zeigen.

Wer so denkt oder solche Gesinnung lauthals proklamiert, täuscht sich selbst und auch andere. Wir stehen nicht über den Anfechtungen, sondern mitten drin als Nachfolger Jesu.

Paulus bleibt ehrlich. Er macht sich und anderen, aber auch Gott nichts vor. Er hat Mut zur Schwäche und steht zu seinen Anfechtungen.

Vielleicht haben auch Sie Sorge, das sei nicht christusgemäß und nicht christengemäß, wenn Sie zugeben: Ich kann nicht mehr. Das geht über mein Vermögen; das ist zum Verzagen.

Es gibt im Miteinander, auch von Christen in der Gemeinde, viele verschwiegene Schwächen. Und weil diese Schwächen verschwiegen werden, weil man so tut »als ob«, müssen sich die Schwachen verstecken. Denn was man bei sich selbst nicht wahrhaben will, das kann man auch bei anderen nicht wahrnehmen und mitansehen. Aus dieser Gesinnung entsteht viel Krampferei. Es wäre besser, man würde endlich »auf-geben« und zugeben: So geht es nicht mehr weiter. Denn nur so kann es zu einem neuen Anfang kommen, kann man eine neue Aufgabe übernehmen, durch »Aufgabe« befähigt werden zur Aufgabe!

Bitte verstehen Sie mich recht, ich will Ihnen keine Schwächen und Tiefpunkte andichten. Wenn es Ihnen gut geht, wenn Sie Ihren Aufgaben gerecht werden, Ihren Weg in die Zukunft kennen und bejahen, Ihre Grenzen angenommen haben — dann freuen Sie sich von Herzen, und danken Sie Gott. Strahlen Sie etwas aus von dieser Geborgenheit und Zufriedenheit. Seien Sie dann aber auch barmherzig mit Menschen um Sie herum, die so kraftvoll und zufrieden zurzeit nicht leben können, die am Verzagen sind, »aufgeben« wollen, weil ihre Aufgabe sie überfordert, sie nicht mehr die Kraft haben. Wissen Sie: Jede Gemeinschaft ist so stark wie ihr schwächstes Glied. Und die Kette der Verbundenheit darf eben gerade da nicht reißen.

Es gibt Menschen, auch Christen, die verbreiten durch ihren permanenten Optimismus Entmutigung statt Ermutigung, weil sie sich so wenig in den anderen versetzen und dabei nur an sich selbst und das eigene Ergehen denken. Darin liegt aber keine Motivation zu neuen Aufgaben, sondern eben zum »Auf-geben«.

Ich lerne bei Paulus, dass er, weil er zur eigenen Schwachheit stand, einer wurde, der auch anderen Menschen in ihrer Schwachheit Mut machen konnte. Sein Mut zur Schwäche hat ihn ermutigt, Schwache aufzurichten.

Paulus hatte Mut zur Hoffnung! — In demselben Augenblick, wo er sagen musste: »Wir waren über die Maßen beschwert, wir wussten nicht mehr weiter, wir hatten abgeschlossen«, in demselben Augenblick lernte er Entscheidendes über Gott: »Das geschah aber darum, dass wir unsere Hoffnung nicht auf uns selbst sollten setzen, sondern auf den Gott, der die Toten auferweckt.«

Paulus macht sich klar: Der Gott, an den ich glaube, ist ein Totenauferwecker! Der Gott, an den ich glaube, der kann mit nichts etwas anfangen, der kann aus nichts etwas machen! Die Grenze meiner Möglichkeiten ist nicht die Grenze seiner Möglichkeiten. Hier ist der Gott, der weiter handelt, wo ich kraftlos bin. Aus dem Aufstecken kann ein Aufstehen werden. Doch zuvor gilt es, zu seiner eigenen Schwachheit zu stehen, die eigenen Vorstellungen und Erwartungen, wie einem geholfen werden könnte, abzugeben an Gott, der wirklich hilft.

Was hatte Paulus für Pläne? Wo wollte er überall hin! Ein Energiebündel war dieser Mann. Und nun sagt er zu Gott: Ich kann nicht mehr – aber du weißt weiter. Du hast Jesus von den Toten auferweckt, da wirst du auch mich nicht verlassen. Und selbst wenn mein Leben hier jetzt endet, so kann ich doch auch im Tod nicht aus deiner Hand fallen. Auch die Toten warten auf deine Treue. Deine Toten werden leben. So hat er vielleicht gebetet. Er hat seine Verlegenheit, seine Ausweglosigkeit zu einem Gebet gemacht. Denn nur Gott wusste ja weiter.

Wann haben Sie Gott das letzte Mal, als Sie angefochten waren zum »Auf-geben«, so alles restlos abgegeben im Gebet, was Sie belastet, quält, umtreibt? Es hilft ja nichts, wenn wir nur ein allgemeines Verhältnis zu Gott haben. Glauben ist immer konkrete Zuversicht, die sich erstreckt auf die Zeit vor uns. Im Hebräerbrief lesen wir: »Es ist aber der Glaube eine feste Zuversicht auf das, was man hofft, und ein Nichtzweifeln an dem, was man nicht sieht.« (11, 1). Und Paulus selbst sagt an anderer Stelle: »Die Hoffnung aber, die man sieht, ist nicht Hoffnung; denn wie kann man auf das hoffen, was man sieht? Wenn wir aber auf das hoffen, was wir nicht sehen, so warten wir darauf in Geduld« (Röm 8, 24 f.).

Erwarten Sie für die nächsten Tage etwas von Gott, neue Erfahrungen seines Daseins? Gott will mit der Kraft seiner Auferweckung Ihr Leben bereichern. Das ist der großartige Zuspruch dieses Textes: Gott ist nicht der, der unsere Bemühungen ergänzt und unsere Gefühle erhöht. Gott fängt mit nichts etwas an, und wir dürfen vor Gott mit nichts anfangen. Er ist alles! Er ist unsere Hoffnung! Das muss man in seinem Leben einmal und dann immer wieder sagen und tun: Dir vertraue ich, dir allein, du weißt den Weg für mich.

Da muss ich noch etwas ergänzen. Paulus sagt: »Gott hat uns erlöst und wird uns erlösen und immer noch erlösen.« Ein Bild kann deutlich machen, was er damit meint: Mit unserem Leben ist das wie mit einer Hängebrücke, die zwischen diesen beiden Pfeilern der Erlösung, die geschehen ist am Kreuz von Golgatha, und der Erlösung, die noch kommt in der Ewigkeit, ausgespannt ist. Und unser Leben ist die Brücke dazwischen, auf der wir von Gott gewürdigt sind, kleine Erlösungen zu erleben, Siege auf dem Weg. Wir werden nicht nur dem Tode Jesu und dem Leiden Jesu gleichgestaltet in unserem Leben, sondern wir werden auch die Kraft seiner Auferstehung erfahren. Wer auf die Totenauferweckung am Ende der Tage wartet, der darf heute darum bitten, dass Gott vorläufige Erlösungen, ein neues Aufatmen in sein Leben, schenkt. Und Gott erhört solches Beten.

Das Dritte, was wir von Paulus lernen können neben seinem Mut zur Schwäche und seinem Mut zur Hoffnung, das ist sein *Mut zur Gemeinde* — in dieser schwierigen Situation. Er schreibt ihnen und lässt sie dadurch an seinem Leben teilhaben: »Dazu helft auch ihr durch eure Fürbitte für uns, damit unsertwegen für die Gabe, die uns gegeben ist, durch viele Personen viel Dank dargebracht werde!« Wir sind in der christlichen Gemeinde eine Arbeits-, Dienst- und Lerngemeinschaft; wir sind auch eine Erzählgemeinschaft, in der wir uns mitteilen sollen, wenn es uns schlecht geht und wenn wir wieder einmal über den Berg gekommen sind durch Gottes und des Heilands Hilfe. Keinem von uns wird zugemutet, seinen Glauben allein durchzuhalten.

Ich wünsche Ihnen und mir immer wieder Menschen, mit denen wir uns so wie Paulus in der Gemeinde austauschen können, was wir an Tiefpunkten und kleinen Erlösungen im täglichen Leben erfahren. Gerade solche Gemeinschaften brauchen wir in vermehrtem Maße. Zu stark ist die Not der Vereinsamung. Eng damit verbunden ist die Angst, das Leben nicht mehr bewältigen zu können. »Wohin soll ich mich wenden, wenn Gram und Schmerz mich drücken?«, das ist die geheime, aber oft auch offen gestellte Frage. Doch auch das andere stellt sich als Frage: »Wem künd' ich mein Entzücken, wenn freudig pocht mein Herz?«

Wir müssen weitgehend die erschütternde Erfahrung machen, dass viele Christen kaum noch in der Lage sind, mit den Weinenden zu weinen und mit den Freuenden sich zu freuen. Man hat Angst, den anderen mit der eigenen Not überzubelasten, aber auch die Befürchtung, der andere verkrafte meine froh machenden Erfahrungen nicht. So teilt man sich gar nicht mehr mit und geht damit des Segens verlustig, der solchem Austausch unter Christen verheißen ist. Sagt der Herr den Seinen doch zu: »Siehe, ich bin bei euch alle Tage bis an der Welt Ende.« Das Nächstliegende ist also, sich an der Gemeinschaft der Gläubigen am Ort zu beteiligen.

Wie ist das bei Ihnen? Haben Sie Gemeinschaft mit anderen Christen? Machen Sie Besuche? Laden Sie zu sich ein, um miteinander Gottes Wort zu lesen, zu beten, zu singen, zu sprechen, sich aus-zu-reden, Gedankenaustausch zu haben, teil-zu-nehmen und teil-zu-geben an »Freud und Leid, an Glück und Not«?!

Gemeinde will Raum sein, in dem Heil — Heiligung — Heilung erfahrbar wird. Sie hat die besondere Verheißung der Gegenwart Jesu (Mt 18, 20). Wesentlich ist, nicht zu warten, bis andere auf den Gedanken kommen, das endlich wieder zu praktizieren, sondern selbst »Mut zur Gemeinde« aufzubringen, selbst initiativ zur Gemeinschaft zu werden.

Aus dem Wissen, so sollte es sein, und der Sehnsucht, wenn es doch so wäre, will die Tat, das Umsetzen werden. Und wenn Ihre Gemeinde müde geworden ist oder Ihre eigenen Erwartungen nicht in Erfüllung gegangen sind, dann eben nicht aufstecken, sondern aufstehen, dankbar froh werden für ganz kleine Siege. Ein solcher wäre z. B., wenn Sie damit beginnen, jemanden zu sich einzuladen, um ihm Ihr Ohr und Ihr verständnisvolles Herz für einige Zeit zu schenken. Sie werden erleben: solcher Mut lohnt sich! Ihr eigenes Leben wird dadurch bereichert.

Zum Miteinander und Füreinander gehört wesentlich die Fürbitte. Der Apostel Paulus hat viertens

Mut zur Fürbitte. — Er wird nicht müde, seine Gemeinden immer wieder daran zu erinnern, welche entscheidende Hilfe die Fürbitte der Gläubigen füreinander ist. In ihr lernen wir, wieder echte Sorge um den Bruder und die Schwester zu tragen. Die Fürbitte für die Geschwister in Trübsal, für die, die über die Maßen beschwert sind und über ihr Vermögen belastet, so dass sie am Leben zu verzagen drohen, bekommt in unserem Leben einen durch nichts anderes zu ersetzenden Stellenwert. Durch unsere Fürbitte stärken wir die, die aufstecken wollen. Wir bringen sie bewusst in den Einflussbereich der Kraft Gottes, des Heiligen Geistes, so dass sie wieder aufstehen. Die Gemeinde Jesu lebt und wächst aus der Fürbitte ihrer Glieder füreinander, oder sie verliert immer mehr an Ausstrahlungskraft und Durchstehvermögen.

Es gibt keine Lebenssituation, die nicht in der Fürbitte ertragen und überwunden werden könnte. So ist Fürbitte ein täglicher unerlässlicher Dienst für meinen Bruder, meine Schwester, die sich mir mit ihrer Not anvertraut haben. Gott will, dass sie durch meinen Gebetsdienst die Kraft seines Sohnes Jesus Christus in ihrer Schwachheit erfahren und neue Zuversicht ihr Vertrauen zu Gott wieder festigt. In der Fürbitte krieche ich unter die Last des anderen und erfülle damit das Liebesgebot Jesu: »Einer trage des anderen Last, so werdet ihr das Gesetz Christi erfüllen« (Gal 6, 2).

Das Wesen der Fürbitte ist also das der Entlastung (Apg 12, 5; Gal 6, 2; Jak 5, 16), aber auch das der Stellvertretung (Dan 9, 4 ff.; Mt 17, 15; Joh 4, 47). Der Beter erweist dem anderen, für den er bittet, einen einzigartigen Dienst (Hebr 2, 17). Er macht dessen Anliegen zu dem seinen und sagt Gott, was dem anderen fehlt und was er braucht (1. Mose 18, 24; Lk 22, 46). Er bringt also den anderen oder seine Sache unter den heilsamen Einfluss des Geistes Gottes, damit Heil und Hilfe geschehe (Mt 8, 5 ff.; Kol 1, 9 ff.).

Bei der Fürbitte treten die eigenen Interessen zurück (Lk 23, 34). Die Frage nach Gottes Willen und Wegführung und damit das Beten im Namen Jesu (Joh 14, 13; 16, 24; Röm 15, 30 ff.; Phil 1, 9 ff.) tritt in den Vordergrund. Die Fürbitte reicht in Gebiete hinein, in die keine menschliche Macht sonst dringt (Apg 12, 5 ff.; 16, 25), und sie birgt Überraschungen in sich, die unsere Vorstellungskraft übersteigen, weil Gott über Bitten und Verstehen antwortet (Eph 3, 20). So ist sie Grundlage, Erweiterung, Vertiefung und Ergänzung allen Dienstes (1. Tim 2, 1); ja, sie ist ein Dienst in sich selbst, der als solcher volle Befriedigung bringen kann (Phil 1, 4).

Wir handhaben die Fürbitte falsch, wenn wir meinen, sie sei ein Instrument, durch das wir bei richtiger Bedienung automatisch das erwartete Resultat erzielen. Oder: Je mehr Leute wir veranlassen, für andere oder eine Sache zu beten, desto schneller werde Gott antworten. Oder: Gott *und* Fürbitte von uns und den anderen ergäbe die gewünschte Antwort.

Ziel der Fürbitte — zu der Paulus Mut macht — ist, mit Gott zusammen an einer Sache zu arbeiten (1. Kor 3, 9). Nicht weil Gott es nötig hätte, sondern weil er es so will. Er will, dass der Beter darin seine Abhängigkeit von ihm bekundet und zeigt, dass er ihn liebt, ihn braucht, auf ihn angewiesen ist und glaubt, dass er in Verhältnisse und das Leben von Menschen eingreifen kann, für die der Fürbittende im Gebet eintritt (Dan 9, 18). Fürbitte hat ferner das Ziel, den eigenen Glauben zu bewähren, im Vertrauen darauf, dass Gott groß und mächtig ist, etwas zu tun, was ich und andere erbitten. Es braucht Mut, ihn beim Wort zu nehmen, wenn er sagt: »Und alles, was ihr bittet im Gebet, wenn ihr glaubt, so werdet ihr's empfangen« (Mt 21, 22). Denn welchen Sinn hat es sonst, um etwas zu bitten, wenn ich nicht glaube, dass Gott etwas tut?! Unschätzbarer Lohn wartet auf den treuen Beter: Gott hört das Gebet des Gerechten; und es vermag viel, wenn es ernstlich ist (1. Petr 3, 12; Jak 5, 16).

Ziel aller Fürbitte ist jedoch nicht in erster Linie die Erhörung des Gebetes, sondern dass der Name Gottes groß und von vielen verherrlicht werde (Kol 1, 3; Phil 1, 3 f.; Joh 14, 13; 16, 24; 2. Kor 1, 11).

Das Ziel der Fürbitte für den anderen geht also über die Hilfe hinaus. Es ist der gemeinsame Dank an Gott: »Dass durch viele Personen Gott reichlich Dank geschehe!«

Mut, Gottes Namen groß zu machen, das ist das Fünfte, was wir aus diesem Text lernen wollen, und das eigentlich

Entscheidende, damit Krisen in unserem Leben zu Reifezeiten werden.

Viele geben sich zufrieden mit der Erfahrung: »Rufe mich an in der Not, so will ich dich erretten« — also mit der Errettung. Wer aber stehen bleibt bei dieser Erfahrung, der hat nicht die umfassende, ihm von Gott zugedachte Hilfe erfahren. Er bleibt letztlich in seinem ichbezogenen Denken und Erleben gefangen. Er klebt an der Gabe. Es geht aber um den Geber: »... so sollst du mich preisen« (Ps 50, 15), »dass durch viele Menschen Gott reichlich Dank geschehe.«

Gott soll verherrlicht werden. Ihm gebührt die Ehre. Unsere Mitmenschen sollen es sehen, wem wir die durchgreifende Hilfe verdanken, wer uns in der Entmutigung ermutigt hat. Indem wir Gott loben und anbeten, ihm danken und ihn preisen, weisen wir von uns und der empfangenen Hilfe weg auf den Geber aller guten und vollkommenen Gabe, dem allein Dank gebührt — auf Gott!

»Es geschah aber darum«, dass wir lernen, Gott ganz neu allein und uneingeschränkt das Vertrauen, den Dank und die Ehre zukommen zu lassen — im Namen Jesu!

Ja, wir wollen lernen, so auch unsere Tiefpunkte, unsere Krisen im Leben richtig einzuordnen. Was wird das für eine Befreiung, wenn wir erfahren, dass »denen, die Gott lieben, alle Dinge zum Ausreifen dienen«.

Übermütig — und mutig (Petrus)

Angst ist ein Phänomen, das vielen Menschen in unseren Tagen zu schaffen macht. Einerseits undefinierbar. Man kann nicht sagen, woher sie kommt, aber sie treibt mächtig um. Andererseits ist sie so konkret, dass man sie beschreiben kann. Man spricht dann von Furcht. Ich denke z. B. an die vielen Langzeitkranken. Da hat Angst bei Tag und bei Nacht ein anderes Gesicht. Sie konkretisiert sich in Fragen: Wie geht es mit mir weiter? Was wird die Diagnose bringen? Werde ich wieder arbeiten können? Tritt eine Veränderung ein zum Guten, zum Schlechten? Oder je nach Lebenslage: Wie gestaltet sich unter der vorhandenen Belastung meine Ehe? Werden meine Angehörigen mich weiter tragen und ertragen? Werde ich selber die nötige Geduld haben, die Spannungen auszuhalten?

Solche Gedanken treiben in die Enge, und das hat seine Auswirkungen auf Geist, Seele und Leib. Sie beschneiden den Lebensraum. Sie blockieren das Denken, und sie unterlaufen auch das gottvertrauende Denken.

Wenn wir in eine solche Lage gekommen sind, ist es gut, sich nicht nur einzugestehen, sondern auch zuzugestehen: Ja, ich habe Angst! Mir bereiten alle diese Fragen Not! Mir machen diese Gedanken zu schaffen!

Verdrängen dieser Angst ist keine Hilfe. Die Bedrängnis wird nur noch größer, wenn die Angst dann aus dem Verborgenen zu agieren beginnt. Die Angst zunächst akzeptieren, nicht verdrängen, ist der erste Schritt zu ihrer Bewältigung. Ich finde das unbeschreiblich befreiend, dass ich Angst haben darf. Allein schon das sich zugestehen: »Ich darf Angst haben!«, entkrampft. Freilich stellt sich dann die Frage: Wie gehe ich nun mit meiner Angst um? Worauf konzentriere ich mich, wenn ich diese Angst — welchen Namen auch immer sie trägt — bewältigen bzw. mit ihr leben lernen will?

Dies entscheidet sich in meinem Denken: Lasse ich mich bestimmen von einem situationsbezogenen Denken, dann wird die Angst mich gefangen nehmen. Oder übe ich mich ein — und das wird immer ein Einüben bleiben — in ein gottvertrauendes Denken, ein Schauen auf Jesus, dann erfahre ich: Mitten in der Angst ist ER als der Herr da!

Jesus bagatellisiert unsere Angst nicht. Er sieht unsere Angst ganz realistisch. Er gesteht uns unsere Angst zu. Er sagt uns: »In der Welt habt ihr Angst«, lebt ihr in Bedrängnis — das ist eine Feststellung, aber dahinter ist kein Schlusspunkt, sondern im Grunde genommen ein Doppelpunkt: »... aber seid getrost, ich habe die Welt überwunden« (Joh 16, 33). Auf *wen*, nicht auf *was* wir schauen, entscheidet darüber, ob es ein gottvertrauendes oder ein gottmisstrauendes »Aber« wird. Das zeigt so eindringlich ein Bericht aus dem Matthäusevangelium, Kapitel 14, 22-33. In ihm kommt mehrmals das kleine, so entscheidende Wort »aber« vor, und zwar in einer Wechselbeziehung. Es ist ein Bericht, der deutlich macht, dass Mut, gottvertrauendes, verheißungsbezogenes Denken und nicht Übermut, was ja letztlich Über-heblichkeit und damit gottmisstrauendes Denken ist, gefragt ist, wenn es darum geht, mit angstvollem, negativem Denken richtig umgehen zu lernen.

Hier nun der Bericht:

»Und alsbald trieb Jesus seine Jünger, in das Boot zu steigen und vor ihm hinüberzufahren, bis er das Volk gehen ließe. Und als er das Volk hatte gehen lassen, stieg er allein auf einen Berg, um zu beten. Und am Abend war er dort allein. Und das Boot war schon weit vom Land entfernt und kam in Not durch die Wellen; denn der Wind stand ihm entgegen. Aber in der vierten Nachtwache kam Jesus zu ihnen und ging auf dem See. Und als ihn die Jünger sahen auf dem See gehen, erschraken sie und riefen: Es ist ein Gespenst!, und sie schrien vor Furcht. Aber sogleich redete Jesus mit ihnen und sprach: Seid getrost, ich bin's; fürchtet euch nicht! Petrus aber antwortete ihm und sprach: Herr, bist du es, so befiehl mir, zu dir zu kommen auf dem Wasser. Und er sprach: Komm her! Und Petrus stieg aus dem Boot und ging auf dem Wasser und kam auf Jesus zu. Als er aber den starken Wind sah, erschrak er und begann zu sinken und schrie: Herr hilf mir! Jesus aber streckte sogleich die Hand aus und ergriff ihn und sprach zu ihm: Du Kleingläubiger, warum hast du gezweifelt? Und sie traten in das Boot, und der Wind legte sich. Die aber im Boot waren, fielen vor ihm nieder und sprachen: Du bist wahrhaftig Gottes Sohn!« — Soweit der Bericht.

»Seid getrost, ich bin's; fürchtet euch nicht!« — Petrus hat in diesem Zuspruch den Anspruch Jesu an sein Vertrauen verstanden. Er reagiert darauf mit den Worten: »Herr, bist du es, so befiehl mir, zu dir zu kommen auf dem Wasser.«

Was macht es schon aus, wenn der Wind die Wogen hochpeitscht? Petrus sieht ja: Jesus kann auf dem Wasser gehen. Mit dem Blick auf ihn wird das sonst Unmögliche möglich. Bei ihm ist Schutz und Geborgenheit mitten im Sturm, und danach sehnt sich Petrus. So verlässt er das

Schiff und die anderen Jünger. Jesus hat ihn gerufen: »Komm her!« Das genügt ihm. Das ist ihm Garantie für den gewagten Weg auf dem Wasser. Mit dem Blick auf Jesus und dem Vertrauen auf sein Wort scheint es ihm ganz einfach, sich dieser Gefahr auszusetzen.

»Aber«, wie weit trägt ihn das Hören dieser beiden Worte: »Komm her!«? Petrus hat sich wohl doch nicht ganz klargemacht, dass er diesen Weg zu Jesus nur in uneingeschränktem Vertrauen gehen kann. Der Blickkontakt muss bestehen bleiben; er darf Jesus nicht aus den Augen verlieren. Doch als die Wellen höher schlagen, packt ihn das Entsetzen. Er fängt an, sich zu fragen, worauf er sich eigentlich eingelassen hat. War er nicht über-mütig, einfach so aus dem Boot zu springen, zu glauben, ihn würde die Zusage Jesu über Wasser halten? Wie konnte er nur denken, dass Wasser Balken habe?!

Über-mut macht leicht-fertig. Er meint: Das schaffen wir schon! Gelingt's nicht, wird's oft kritisch. Denn das »Aber« des Unglaubens sieht nur Gefahren, und Angst ist immer ein schlechter Ratgeber. Sie verzerrt die Wirklichkeit.

Mut rechnet mit dem Wort dessen, der spricht: »Komm her!« Ja, rechnet mit ihm. Wer Gott vertraut, übersieht — nicht ignoriert —, was ihn angstvoll bannen will; schaut darüber hinweg auf den, der immer noch größer ist als das, was ängstigen will; schaut auf Jesus! Gott will, dass wir schauen, was wir glauben! Des Petrus Augen gehen angstvoll über den stürmischen See und suchen Hilfe. Er kann Jesus nicht mehr sehen. Er blickt wie gebannt auf die Wellen, die ihn zu verschlingen drohen. Dabei ist er immer so stolz gewesen auf seine gute Beziehung zu Jesus. Er fühlte sich so sicher in seinem Glauben an ihn. Und jetzt wollen ihn die Wellen überrollen. Sie drohen über seinem Kopf zusammenzuschlagen, alles wegzuschwemmen: Frieden, Zuversicht, Gelassenheit, Dankbarkeit, Erfahrungen, die er mit Jesus gemacht hat ... — Ob Sie ähnliche Erfahrungen kennen? Wo alles, was bisher den Glauben ausgemacht hat, dahinschwinden will? Petrus merkt, wie es ihn in die Tiefe zieht. Er ist am Ertrinken. Da macht sich seine entsetzliche Angst in einem Gebetsschrei Luft: »Herr, hilf mir!«

Seine ganze Not, die Spannung, die in ihm ist, sein Glaube und sein Unglaube kommen hier zum Ausdruck. »Herr, hilf mir!« — Jetzt kann nur noch Jesus, der Herr, selber helfen. Ich werde nicht mehr mit dieser Situation fertig, gibt Petrus zu. Sie macht mich fertig!

Dieses Gebet: »Herr, hilf mir!«, ist mir für mein persönliches Leben zu einer ganz entscheidenden, seelsorgerlichen Hilfe geworden. Ich habe gelernt und lerne immer noch, nicht nur in den Stunden, sondern auch in den Phasen, wo ich zu sinken drohe, aus meinem gottmisstrauenden Denken, meinen Sorgen, meiner Angst, ein Gebet zu machen; ich sage: »Herr Jesus Christus, ich bin verzagt, ich bin kleingläubig, ich zersorge mich, ich bin entmutigt ...« Das ist dieses: »In der Welt habt ihr Angst!« Ich gestehe es mir ein und zu, dass ich so denken darf, weil es ja so ist; dass ich mich der Realität einerseits stelle. Mein Gebet geht dann »aber« weiter — und das ist eben die andere, notwendige Seite: »›Aber‹ weil du da bist, ist es nicht hoffnungslos; ›aber‹ weil du da bist, brauche ich nicht aufzustecken; ›aber‹ weil du da bist, brauche ich nicht zu verzagen; ›aber‹ weil du da bist, kann ich wieder Mut fassen ...!«

Ich habe festgestellt, dass mir durch solch gottvertrauendes Denken, durch einen solch konzentrierten Blick auf

Jesus, geholfen wird. – Es geht also darum, dass wir lernen, nicht primär situationsbezogen, also auf die Angst schauend, zu denken, sondern verheißungsbezogen, und das meint, sich an Zusagen Gottes orientierend, zu denken, wie z. B.: »Aber seid getrost, ich habe die Welt überwunden«, oder: »Seid getrost, ich bin's; fürchtet euch nicht!«

Gottvertrauendes Denken ermutigt uns, gottmisstrauendes Denken entmutigt uns! Also: Das Aufnehmen von Gottes Wort in unser Gedächtnis, der regelmäßige Umgang mit ihm, das Memorieren von Bibelworten, hat seine heilsame Wirkung, wenn es darum geht, angstvolles Denken zu vertreiben.

Stellen wir uns ein paar konkrete Fragen:

- Wie gehe ich mit meinen Gedanken um?
- Womit fülle ich mein Denken?
- Wie gehe ich mit Schrifttum um?
- Wie gehe ich mit dem Bild um, z. B. dem Fernsehen?
- Womit beschließe ich den Abend?
- Was sind meine letzten Gedanken?
- Womit nähre ich meine letzten Gedanken?

Wie ich den alten Tag beschließe, beginne ich den neuen! Ein Fernsehstück sollte nicht das Letzte am Abend sein. Das Reinigen meines Gewissens, meiner Gedanken, das In-Ordnung-Bringen, was des Tages Treiben unordentlich gemacht hat, sollte am Schluss eines Tages stehen. Die Frage ist also: Wem räume ich Sitz- und Stimmrecht in meinen Gedanken ein: der Angst, dem Negativen oder dem Vertrauen, das sich auf Gottes Wort gründet und damit auf Gott selbst!?

Oder sprechen wir einen anderen Problemkreis an, der mich wie aufgepeitschte Wellen und Wogen verschlingen kann, wenn ich nicht lerne, richtig mit ihm umzugehen: Ein Mensch, der denkt: »Ich bin nichts, ich kann nichts«, untergräbt mit solchem Denken seine eigenen, ihm von Gott gegebenen Fähigkeiten. Er steuert dazu bei, dass die Gaben, die Gott ihm gegeben hat, verkümmern. Das Ergebnis sind Unzufriedenheit, Minderwertigkeitsgefühle, Unausgefülltsein, Freudlosigkeit, Selbstmitleid, um nur ein paar Symptome zu nennen. Das zieht wie ein Sog nach unten. Ein Mensch, der so denkt, hat in letzter Konsequenz sein Vertrauen zu Jesus eingeschränkt.

Gute Gedanken — gottvertrauendes Denken — verändern uns zum Guten hin; böse Gedanken — gottmisstrauendes Denken — prägen uns negativ. Denn wir verwandeln uns in das, womit wir uns beschäftigen. Die Bibel sagt: »Denn was der Mensch sät, das wird er ernten« (Gal 6, 7).

Wenn es im Philipperbrief 4, 13 heißt — Paulus sagt das —: »Ich vermag alles durch den, der mich mächtig macht, Christus«, dann bedeutet das nicht, dass ich dadurch jemand werde, der überdurchschnittlich ist, sondern wenn ich z. B. Realschullehrer bin, werde ich mich bemühen, ein guter Realschullehrer zu sein, und werfe mir nicht vor: »Ich habe es nicht geschafft, Gymnasiallehrer zu werden.«

Ich finde also ein »Ja« zu dem, was ich bin, ein dankbares »Ja« — in diesem Fall Realschullehrer — und versuche, meine Sache so gut zu machen, wie es mir möglich ist, und verzehre nicht meine Kräfte damit, mir vorzuhalten, dass ich nicht höhere Ziele erreicht habe. Das wäre sonst Sog in die Tiefe!

Das »Ich vermag alles durch den, der mich mächtig macht, Christus« kann also heißen: Ein »Ja« zu finden zu meiner Situation, mich nicht ständig mit anderen zu vergleichen, sozusagen in Nachbars Garten zu schielen und darüber die Früchte im eigenen Garten nicht mehr zu sehen. Dadurch werde ich gefangen im negativen Denken und damit reduziert in der eigenen schöpferischen Kraft. Gelegentlich gilt: Weniger Ausschau zu halten nach neuen Gaben, als vielmehr Gott zu bitten: »Öffne mir die Augen für *meine* Gaben, dass ich *die* annehme, dass ich *die* umsetze, dass ich *die* aktiviere, dass ich fröhlich werde, weil ich ›wunderbar gemacht bin‹ (Ps 139, 14), o Gott, von dir in meinem So-sein.«

Jedes Gefühl der Minderwertigkeit reduziert unsere Hoffnung, unseren Mut, lähmt unsere Tatkraft, schmälert unseren Glauben, wogegen umgekehrt das ausgesprochene Vertrauen zu Gott: »Ich bin nicht allein! Du bist bei mir! Du bist mit mir! Du fährst mit mir zum nächsten Kunden! Du hilfst mir bei meinen Entscheidungen! Du unterweist mich bei der Kindererziehung. Du schulst mich für meinen Lehrauftrag …«, mich in diesem »Sei getrost, fürchte dich nicht« bestärkt.

Wer sich auf Gottes Wort, seine Verheißungen, Jesu Zusagen verlässt, erfährt den Durchbruch durch die Angst, die Enge, in den weiten Raum, das Aufatmen, weil Jesus den zwangsmäßigen Zusammenhang von Angst und Verzweiflung durchbrochen hat. Deswegen kann der Glaubende gegen den Augenschein Gott vertrauen.

Beide Verhaltensweisen, beide Denkweisen — zweifeln und glauben, gute und negative Gedanken nähren — haben im gottvertrauenden Denken auf die Dauer keinen Platz. Da entsteht in unserem Innern ein Zwiespalt; und ein zwiespältiges Herz hat keinen Frieden; es kann nicht erhörlich beten (Jak 1, 6-8). Zweifel kommt aus dem kurzsichtigen, menschlichen Meinen, während Glaube, Vertrauen von Gott ergriffener Wille ist. »Mein Wille gehört meinem Gott; ich traue auf Jesus allein!«

Solange wir den negativen Gedanken, den Wellen, die uns überrollen wollen, in unserem Denken Raum lassen und uns nicht klarmachen, dass nicht sie allein die Realität sind, weil sie nur einen kleinen, nämlich den destruktiven Teil der Wirklichkeit ausmachen, sind wir ein Spielball dieser Wellen. Sie bestimmen unser Denken und Fühlen, werfen uns in negative Stimmungen und nicht heilsame Traurigkeit.

Festen Halt gewinnen wir, wenn wir uns dem zuwenden, der größer ist als alle Wellen und Wogen — gleich welchen Namen sie tragen —: Jesus Christus! Er sagt: »Komm her!« — Petrus kommt auf Jesu Wort hin. Er tut es auf Hoffnung — ohne Garantie —, mutig, voll Vertrauen und erfährt, dass er auf dem Wasser gehen kann.

Ohne ein solches Wagnis des Glaubens erfahre ich gar nichts, wird eine Krise nicht zur Reifezeit. Ich muss mich auf Jesu Wort einlassen, dann mache ich gute Erfahrungen damit. Erst dadurch stelle ich fest: Gott hat sich an sein Wort gebunden. Er hält Wort! »Wunder sollen schauen, die sich auf sein allmächtig Wort verlassen und ihm trauen. Er hat's gesagt, und darauf wagt mein Herz es froh und unverzagt und lässt sich gar nicht grauen« (Philipp Spitta).

Gott hat seine Zuverlässigkeit und Liebe zu uns, sein Für-uns-Dasein im Leben seines Sohnes Jesus Christus, so deutlich werden lassen, dass wir guten Grund haben, uns auf das einzulassen, was er sagt. Es ist kein unberechenbares Risiko, Glauben zu wagen, seinem Wort zu vertrauen. Denn der Glaube lebt davon, Gottes Wort zu vertrauen.

Das unterscheidet das gottvertrauende Denken vom auch sonst geübten »positiven Denken«, denn es gründet sich auf Jesus, auf Gottes Wort und nicht auf Eigenmächtigkeit und -willigkeit.

Und kommt dann trotzdem wieder einmal die Krise, dass das gottmisstrauende Denken die Oberhand gewinnen will, dann geht es darum, dass ich den Blickwechsel vornehme, weg von dem, was mich nach unten ziehen will, hin zu dem, der mich bei der Hand nimmt, zu Jesus Christus! Sie können dann so etwas wie einen Gedankenstopp durchführen!

— Lernen Sie, Ihre gottmisstrauenden Gedanken als »negativ« zu erkennen, bevor Ihre Gefühle davon bestimmt werden. Oder, wenn Sie bereits negativ fühlen, die Wellen und Wogen schon über Ihrem Kopf zusammenschlagen wollen, überlegen Sie, was Sie zuvor Negatives gedacht haben.
— Schreiben Sie Ihre gottmisstrauenden Gedanken nieder. Sie halten damit fest, was Sie zuinnerst umtreibt, was den Sog nach unten auslöst. Damit wird das unkontrollierte Ausgeliefertsein an negative Gedanken begrenzt.
— Sprechen Sie mit einem Menschen Ihres Vertrauens über diese gottmisstrauenden Gedanken. Durch den Gedankenaustausch mit einem seelsorgerlichen Menschen lernen Sie, Ihre Lebenslage wieder objektiver zu sehen, zu unterscheiden, was der Wirklichkeit entspricht und was nicht.
— Kontrollieren Sie Ihre Gedanken und üben Sie den Gedankenstopp, sobald Ihnen negative, gottmisstrauende, angstvolle Gedanken bewusst werden. Nicht unsere Stimmungen, nicht unsere Gefühle prägen

unsere Gedanken, das Gegenteil ist der Fall: Unsere Gedanken sind es, die über unsere Stimmungen und Gefühle entscheiden.

Es geht also darum, die negativen, angstvollen Gedanken, die man auch die »inneren Saboteure« nennen kann, die Zweifel und Angst ausstreuen, zu erkennen und zu verarbeiten. Wo wir das tun, uns in gottvertrauendes Denken einüben, erfahren wir wie Petrus das »Aber«. »Jesus ›aber‹ streckte sogleich die Hand aus und ergriff ihn und sprach zu ihm: Du Kleingläubiger, warum hast du gezweifelt?« Plötzlich fühlt Petrus, wie Jesus seine Hand ergreift. Er lässt ihn nicht untergehen. Er rechnet es ihm nicht an, dass ihm die Angst über den Kopf gewachsen ist, dass er nicht wirklich Vertrauen geübt hat. Jesus lässt sich rufen von dem Petrus, der ihn schon so manches Mal enttäuscht hat. Er zieht ihn aus dem Wasser, hält ihn fest an seiner Hand und steigt mit ihm ins Boot. »Und der Wind legte sich.«

»Warum hast du gezweifelt?« – das sollten wir uns auch fragen und sagen lassen! Denn es beinhaltet für uns beides: Kritik an unserem mangelnden Vertrauen, unserem »Über-mut« (Übermut schätzt sich selbst und die Situation nicht richtig ein), und darauf folgt Enttäuschung. Und es ist zugleich Einladung, Vertrauen zu Jesus neu zu wagen, nicht mit Kleinglauben, sondern mit einem kleinen Glauben an unseren großen Herrn! »Warum hast du gezweifelt?« ist somit heilsame Ermutigung zu neuen Erfahrungen mit Jesus. Auf dass auch wir wieder ins anbetende Staunen kommen, wie die Jünger, von denen es am Ende unseres Berichtes heißt: »Die aber im Boot waren, fielen vor ihm nieder und sprachen: Du bist wahrhaftig Gottes Sohn!«

Auch wir können in Lebenslagen, wo uns die Wellen über dem Kopf zusammenschlagen und wir zu sinken drohen, ganz ähnliche Erfahrungen wie Petrus machen — wenn wir auf Jesus schauen, ihn um Hilfe bitten und uns nicht bannen lassen von dem, was uns ängstigen will, wenn wir das gottvertrauende »Aber« wagen. Ein weiter, beständiger Blick über die Hindernisse des Glaubens hinaus auf Jesus ist notwenig. Auch und gerade dann, wenn uns das Wasser bis zum Hals steht, wollen wir unseren kleinen Glauben an unseren großen Gott, dem Wind und Wellen gehorchen, üben. Wir wollen es tun, indem wir aus dem, was uns Angst und Bange machen will, ein Gebet machen, ihn anrufen: »Herr, hilf mir!« Wir werden erleben: Seine Hand hält uns. Das gilt auch für Zeiten, wo wir seinen Händedruck nicht verspüren. Uns geschieht nach unserem Glauben!

Versagt —
und geliebt (Petrus)

Kennen wir die Krisen in unserem Leben, mit deren Hilfe Gott uns etwas sagen wollte? Mit deren Hilfe er uns herausholen wollte aus unserem ich-bezogenen Leben? Krisen sind ja — wenn Gott sie auslöst — immer enttäuschend. Sie nehmen aus einer Täuschung heraus. Sie enthüllen immer, wes Geistes Kind wir sind.

Doch wir schätzen weder das eine noch das andere: weder die Ent-täuschung über uns selbst, noch die Ent-hüllung unserer totalen Hilflosigkeit im Angesicht Gottes.

Wenn wir doch mehr den Mut hätten, den barmherzigen Gott, den Gott der Liebe in unseren Krisen zu sehen, der alles unternimmt, um uns zurechtzuweisen, uns wieder auf den richtigen Weg zu bringen, dann würden wir nicht mit solcher »Heiden- Angst« in die nächste Krise gehen, weil wir dann wüssten und akzeptierten: Krisen sind Reifezeiten unseres Lebens.

Ich erwähnte schon des öfteren, dass uns die Bibel immer wieder in Beispielen zeigt, wie Gott Menschen in Krisen kommen lässt, um ihnen zu helfen, im Glauben zu wachsen, zu reifen und Frucht zu tragen, dass ihre Persönlichkeit profiliert, ihr Vertrauen zu ihm gefestigt und ihre Liebe tiefer wird.

Besonders aufschlussreich sind dabei natürlich die Krisen, in die Jesus seine eigenen Nachfolger kommen lässt. Denn aus ihnen können wir am meisten lernen.

Einer dieser Jünger, die Jesus nachfolgten, war Petrus. Er war in eine Beziehungskrise gekommen. Seine Liebe war auf den Prüfstand gekommen. Das passiert ja bei uns auch immer wieder. Denn unser Leben ist in seinen sachlichen Bezügen, in den persönlichen Beziehungen, in die wir hineingestellt sind, im Wesentlichen geprägt von der Liebe. Die Liebe spielt eine ganz bedeutende und entscheidende Rolle. Liebe ist nämlich die Macht, welche Menschen verändert. Durch veränderte Menschen ist es möglich, auch Situationen zu ändern. Zugespitzt möchte ich einmal sagen: Ohne Liebe gibt es eigentlich kein wirkliches Leben. Nun leiden sehr viele Menschen sehr viel mehr, als wir ahnen, und vielleicht auch sehr viel mehr, als die Betroffenen selbst zugeben möchten, unter der Kälte, die unser Wohlstandsmilieu durchzieht, unter mangelnder Liebe.

Ich erinnere mich an einen Besuch in einem Sanatorium, wo mich die leitende Oberin durch die verschiedenen Stationen führte und dabei einen für mich bemerkenswerten Satz sagte. Sie sagte: »Der überwiegende Teil unserer Patienten ist hier, weil sie nicht geliebt haben bzw. nicht geliebt worden sind. Das ist eigentlich die tiefe Ursache ihres Krankseins, alles andere sind nur Symptome.« Daraus zog sie eine Schlussfolgerung, und ich finde, diese Schlussfolgerung ist auch eine Anleitung für unsere zwischenmenschlichen Beziehungen. Sie sagte: »Also müssen wir sie durch Liebe die Liebe lehren. Jede Gelegenheit einer Begegnung soll zum Anlass genommen werden, ihnen in Liebe zu begegnen.«

Auf dem Hintergrund dieser Worte wurde mir ganz groß, neu groß, die Einzigartigkeit der frohen Botschaft der Bibel. Es gibt eine Macht, und zwar die Macht der Liebe Gottes, die sich in dieser Person Jesus Christus geoffenbart hat. Diese Macht der Liebe Gottes ist eine solche Dynamik, die es vermag, kalte, wunde, leere Herzen, nach Heil, nach Erlösung, nach Freiheit sich sehnende Menschen reich zu machen. Diese Macht der Liebe Gottes ist in unserem Leben ganz konkret erfahrbar. Diese Gewissheit, die man sich nicht kaufen kann, für die man sich auch nicht für den Notfall versichern kann, diese Macht der Liebe Gottes ist erfahrbar; diese Gewissheit, ich bin geliebt, ist dann stärker als Zweifel und Verzweiflung, ist stärker als Gotteshass und Menschenhass, ist stärker als Abgestumpftsein und Verbitterung, um nur einiges zu nennen, was heute so vielen Menschen zu schaffen macht. Dass diese Macht der Liebe so stark ist, Menschen zu ändern, auch Menschen, die schon mit Jesus gegangen sind, weiter zu ändern, das wird deutlich an diesem Petrus. Im Johannes-Evangelium, am Ende, im 21. Kapitel, da haben Jesus und Petrus ein Gespräch miteinander, ein seelsorgerliches Gespräch:

»Als sie nun das Mahl gehalten hatten, spricht Jesus zu Simon Petrus: Simon, Sohn des Johannes, hast du mich lieber, als mich diese haben? Er spricht zu ihm: Ja, Herr, du weißt, dass ich dich lieb habe. Spricht Jesus zu ihm: Weide meine Lämmer! Spricht er zum zweiten Mal zu ihm: Simon, Sohn des Johannes, hast du mich lieb? Er spricht zu ihm: Ja, Herr, du weißt, dass ich dich lieb habe. Spricht Jesus zu ihm: Weide meine Schafe! Spricht er zum dritten Mal zu ihm: Simon, Sohn des Johannes, hast du mich lieb? Petrus wurde traurig, weil er zum dritten Mal zu ihm sagte: Hast du mich lieb?, und sprach zu ihm: Herr, du weißt alle Dinge, du weißt, dass ich dich lieb habe. Spricht Jesus zu ihm: Weide meine Schafe!«

Jesus stellt hier in dieser Krisensituation eine Vertrauensfrage. »Simon, Sohn des Johannes, hast du mich lieb?

Hast du mich lieber, als mich diese haben?« Und er bekommt dreimal diese Antwort: »Herr, du weißt, dass ich dich lieb habe.« Nichts mehr, nichts weniger. Darum geht es, um dieses allein, dass Sie feststellen: Ich bin geliebt. Und weil ich geliebt bin, bin ich befähigt zum Lieben.

Vielleicht denken Sie: Was wissen wir schon vom Lieben, was ist Lieben? So viele gebrauchen dieses Wort und nehmen es in den Mund. Wer sagt uns wirklich, was Liebe ist? Alle Welt schreit zwar nach Liebe und von Liebe: die Tageszeitungen, die Magazine, die Filme, das Radio, das Fernsehen. Die Liebespaare sprechen von Liebe. Wissen Sie, in all dem steckt aber ein heimlicher Defekt. Dieser Defekt wird hin und wieder offenbar, besonders wenn es darum geht, dass ich Macht über mein Ich gewinnen soll. Das kommt daher: wir lieben immer um deswillen, was wir empfangen. Wir lieben immer um deswillen, was wir am andern haben, was er uns einbringt. Keiner von uns liebt zuerst. Bei uns ist es immer umgekehrt. Es muss immer erst etwas Begehrenswertes da sein, etwas Liebenswertes da sein, etwas, was wir haben wollen, was wir besitzen wollen, was unsere Liebe reizt. Auf diesem Hintergrund hebt sich nun Gottes Liebe ganz hell ab, unbegreiflich, tröstend, rettend, befreiend.

Gottes Liebe ist darin so göttlich, dass wir sie gar nicht in einem Atemzug mit unserer Liebe nennen können, dieses »Er hat mich zuerst geliebt«. Gott kommt mir mit seiner Liebe immer zuvor. Es ist eben nicht so, dass wir unsere armseligen Stufen emporbauen müssten, um zu ihm zu kommen. Nein, er sucht uns und kommt zu uns, in unsere Verhältnisse, in unser Leben hinein. »Darin steht die Liebe, nicht dass wir Gott geliebt haben, sondern dass er uns zuerst geliebt hat und seinen Sohn gesandt hat zur Versöhnung für unsere Sünden« (1. Joh 4, 10). Dass Gott uns zuerst geliebt hat, das ist nicht eine Floskel, das sind nicht Worte. Das ist ganz ernste Realität geworden. So sehr liebt Gott uns, dass er diesen, seinen einzigen Sohn, sein Größtes dahingibt, sterben lässt, auf dass alle, die ihm ihr Leben anvertrauen, Rettung erfahren, nicht verloren gehen, auf ewig Anteil haben am Leben Gottes. Fragen wir uns doch einmal: Was haben wir denn eingebracht, oder was könnten wir einbringen, was Gott reizen könnte oder müsste, uns lieb zu haben? Was haben wir denn für Voraussetzungen geschaffen, dass er sagt: Ich bin für dich!? Tatsächlich ist es doch umgekehrt, dass Gott unsere Armut, unsere gottverlassene, unsere todverfallene Existenz eintauschte durch seinen Sohn in ein ewiges Leben.

Wenn wir schon etwas bringen, dann bringen wir wahrscheinlich doch unser Misstrauen, unseren Hass, unsere Angst, vielleicht sogar unseren Widerwillen gegen seine bedingungslose Gnade, unser Fertigsein über seine große Barmherzigkeit. Mit einem Satz zusammengefasst: Was wir bringen können und dürfen und sollen, ist unsere Sünde, die im Tod als Bezahlung gipfelt. Gott findet also gar nichts Liebenswertes, was ihn reizen müsste, an uns. »Gott liebt uns nicht, weil wir so wertvoll sind, sondern wir sind so wertvoll, weil Gott uns liebt« (Helmut Thielicke). Das ist der Adel unserer Jüngerschaft. Gott kommt in Jesus zu uns und lässt uns sagen: Ich liebe dich — zuerst! Und das ist das, was diesen Petrus überwältigt. Ein Versager — bei Jesus darf man versagen. Was man in unserer Leistungsgesellschaft möglichst nicht darf. Ein Versager bekommt von Jesus nicht aufs Brot geschmiert, dass er versagt hat. Sondern er bekommt einzig und allein die Frage gestellt — und das ist die Vertrauensfrage in einer Krise —: »Hast du mich lieb?« Mehr oder weniger will ich gar nicht wissen. Gib mir eine eindeutige Antwort auf die Frage: Hast du mich lieb? Nicht *lieber*. Reiß den Mund nicht mehr auf wie früher. Nur — »hast du mich lieb?« »Du weißt, Herr, dass ich dich lieb habe.« Nicht mehr, nicht weniger, bei allen drei Fragen. »Du weißt, du weißt alles, Herr!«

Uns so zu lieben, das gehört zur Majestät und Freiheit Gottes. Wir müssen uns nicht erst anders, besser machen — Gott liebt uns brutto. Er liebt uns auch dann, wenn wir es nicht wollen. Ob ich diese Liebe annehme, ist dann eine zweite Frage. Es bleibt immer bei diesem Zuerstgeliebt, und es gibt nichts, was der Liebe Gottes eine Schranke und unüberbrückbare Grenze setzen könnte. Auch wenn unsere Zweifel aufmarschieren möchten und aus allen Kanonen schießen — es bleibt dabei unwandelbar: zuerst geliebt von Gott; den Sünder, den Versager — nicht die Sünde. Gott liebt den Sünder brutto, die Sünde nicht. Die verneint er. Aber die Persönlichkeit dieses Menschen, die liebt er. Gott bejaht sie. Gott ist für sie. Gott umgibt den Menschen mit seiner Liebe von allen Seiten. Und die einzig richtige, Leben erneuernde und wieder zum Aufatmen führende Antwort ist diese Reaktion des Petrus. Nicht, dass er sich wegtreiben lässt von Jesus durch sein Versagen, nein, er lässt sich hintreiben zu ihm mit diesem ganz offenen Bekenntnis: »Herr, du weißt, dass ich dich lieb habe.«

Ich bin geliebt, zuerst geliebt von dir, meinem Gott und Herrn. Das ist die Antwort, die Gott von uns erhofft — aber nicht wieder in dem Sinne von Dank, als Gegengabe für seine Liebe. Es bleibt dabei: »Nichts hab ich zu bringen, alles, Herr, bist du!« Zuerst geliebt — davon ist nichts abzuschneiden. »Gott liebt uns nicht wegen unserer Leistung, sondern trotz unseres Versagens!«

Auch gerade dann, wenn wir zu danken beginnen, stehen wir unter der Macht der Gnade, die immer vor unserem Dank auf dem Plan ist. Weil Gott auch unseres Dankes nicht bedarf, und zwar in der Weise nicht bedarf, als würde er davon leben, schickt er uns mit unserer Liebe, um den Dank konkret werden zu lassen, zum Nächsten. »Petrus, weide meine Schafe, führe meine Lämmer, leite meine Schafe.« Dieses »Lasst uns Gott lieben, denn er hat uns zuerst geliebt« will sich konkretisieren. Gott lieben, geschieht im Nächsten- Liebhaben. »Was ihr einem unter diesen meinen geringsten Brüdern getan habt, habt ihr mir getan« (Mt 25, 40), sagt Jesus. »Wenn Gott wissen will, wie sehr wir ihn lieben, dann fragt er nicht mich, sondern meinen Nächsten« (Walter Luthi). Wer von der Liebe spricht, ist gerufen, sie zu leben.

Gott hat uns zuerst geliebt, das bleibt, und wir können ihn wiederlieben, indem wir die von Gott Geliebten lieb haben. Wir können uns einüben, Jesus, unserem Herrn, ähnlicher zu werden, Liebe zu praktizieren; in der Weise zu verfahren, wie er verfährt, dass er nicht danach fragt, ob mein Gegenüber überhaupt meiner Liebe wert ist; ob er diese Liebe verdient hat; ob er meiner Liebe würdig ist; ob er mir meine Liebe entgelten kann. Das fragt der Herr auch nicht. »Liebe deinen Nächsten wie dich selbst« (Mt 23, 39). Das ist eine Anweisung, die einem Schlüssel gleichkommt, um Zugang zu finden zum Menschen unserer Tage mit seiner Vereinsamung, seinem Versagen, mit seinem Hunger nach Liebe, seinen Zwängen. Dabei braucht keiner etwas aus eigener Kraftanstrengung zu unternehmen, denn so viel Liebe, wie wir brauchen, gibt es nur bei Gott — die Liebe Gottes ist ausgegossen, ausgeschüttet durch den Heiligen Geist in unser Leben (Röm 5, 5). Da braucht es keine

Krampferei zu geben. Wir dürfen unser Leben bestimmen lassen von der Liebe Gottes. Dabei wird es wichtig sein, dass Liebe nicht nur ein Wort ist, sondern eine Haltung. Liebe ist Wandel. Liebe ist Tat. So wie Gott seine Liebe offenbart hat in Jesus Christus. Liebe wird empfangen und gegeben, sonst können wir sie nicht erleben. Liebe bekommt Arme, bekommt Hände, Füße, formt sich in Worte, in einem freundlichen Blick. Sie muss sich artikulieren, sonst verliert sie ihre Kraft. So erst heißt Lieben wirklich Leben. »Liebe ist das Einzige, das wächst, wenn wir es verschenken« (Ricarda Huch).

Ich möchte noch auf einen wichtigen Unterschied aufmerksam machen. Jesus sagt (Joh 13, 34-35): »Ein neues Gebot gebe ich euch, dass ihr euch untereinander liebt, wie ich euch geliebt habe, auf dass auch ihr einander lieb habt. Daran wird jedermann erkennen, dass ihr meine Jünger seid, wenn ihr Liebe untereinander habt.« Mir geht es um diesen kleinen Satz: »Wie ich euch geliebt habe.« Lieben, wie Jesus liebt. Wie hat er denn den Petrus geliebt? In dieser Situation nach dem Mahl? Ganz konkret: er hat ihm nichts vorgehalten, er hat nichts Vergangenes herbeizitiert; er hat ihm deutlich gemacht, dass er ihn lieb hat, indem er ihm seine Schuld vergab, er hat dadurch wieder eine Vertrauensbasis geschaffen, und dann hat er ihn — und das ist eigentlich überwältigend — mit dieser Vertrauensbasis und der Gewissheit, geliebt zu sein, zurückgeschickt in sein altes Aufgabengebiet, auf den Platz seiner Niederlagen, mit dem unausgesprochenen: »Dort wirst du dich bewähren.«

Lieben, wie Jesus liebt, darin dürfen wir uns einüben, ihm ähnlich werden, dass unsere Liebe ein Echo wird auf seine göttliche Liebe zu uns. Die Bibel hat ja verschiedene

130

Ausdrücke für Liebe. Für die göttliche Liebe hat sie dieses Wort »Agape« und für die menschliche Liebe hat sie das Wort »Eros«. Nun kommt es darauf an, dass diese selbstlose Liebe »Agape« unsere ichbezogene Liebe umfange und heilige. Lesen Sie einmal, was im 1. Korintherbrief, Kapitel 13, steht. Das hat Petrus versucht zu praktizieren, wieder ganz neu. »Die Liebe ist langmütig und freundlich, die Liebe eifert nicht, die Liebe treibt nicht Mutwillen, sie bläht sich nicht auf, sie verhält sich nicht ungebärdig, sie sucht nicht das Ihre, sie lässt sich nicht erbittern, sie rechnet das Böse nicht zu, sie freut sich nicht über die Ungerechtigkeit, sie freut sich aber an der Wahrheit, sie verträgt alles, sie glaubt alles, sie hofft alles, sie duldet alles.«

Liebe vermag alles. Ein Satz, der nicht am Schreibtisch entstanden ist, sondern im täglichen Umgang mit Menschen. Ich für meine Person bin davon überzeugt, dass Erkrankungen der menschlichen Persönlichkeit und Differenzen in zwischenmenschlichen Beziehungen geheilt werden können, wenn alle Beteiligten neu den Wert der Liebe Gottes und die Bedeutung des Satzes »Geben ist seliger als Nehmen« erkennen.

Eine Hörerin schreibt mir: »Als Fünfjährige kam ich nach dem Tod meiner Mutter in eine Pflegefamilie. Durch das äußerliche Wohlbefinden merkte ich erst nicht, dass ich ohne Liebe aufwuchs. Anfänglich reichte mir der Ersatz, den ich mir in der Schule holte und in der Gemeinde, wo ich regelmäßig an der Sonntagschule und der Jungschar teilnahm.

Nachdem bei meiner Pflegemutter das wohl zu Anfang vorhandene Mitleid verschwand, galt ich nur noch als Pflichtaufgabe, die erfüllt werden musste. Ich brauchte mich nicht anzustrengen oder auf meine Gefühle zu verlassen, um dies herauszufinden, denn ich bekam es oft genug zu hören. Um meiner Pflegemutter ihre Pflicht und mir diese Situation erträglicher zu machen, tat ich alles, um ihr zu gefallen. Dies schloss allerdings weitgehend meine eigenen Wünsche aus, so dass ich lernte, sie zu unterdrücken. Dadurch fehlte mir aber auch die Fähigkeit zu Entscheidungen, und ich wurde mehr und mehr zur Marionette meiner Umwelt. Auch das inzwischen getroffene Ja zu Jesus Christus half mir nicht.

Viel später brachte mich dies in große Zweifel. — Ob das Ja zu Jesus überhaupt meine Entscheidung war? Oder hat mich Jesus auch nur aus Mitleid angenommen und lässt mich wieder fallen, wenn ich ihm zu anstrengend werde?

Darauf folgte eine Zeit, wo ich Jesus viele Gelegenheiten gab, mich fallen zu lassen. Doch er blieb mir auf den Fersen und erfasste immer neue Möglichkeiten, mir seine Liebe zu erweisen. Einzig und allein seiner unendlichen Treue und Liebe habe ich es zu verdanken, dass ich jetzt noch auf dem Weg mit ihm bin. So wie mich der Weg durch Tiefen führte, bekam ich es aber auch geschenkt, Schritt für Schritt ich selbst zu sein und meine Wünsche und Meinungen kundzugeben. Auch das Verhältnis zu meiner Pflegemutter hat sich nach gegenseitigem Verzeihen und Verstehen sehr verbessert.«

Ich möchte Sie ermutigen, sich die Liebe Gottes gefallen zu lassen. Gott will dann Ihre Liebe benutzen, dass der, der sie erfährt, vielleicht erst buchstabierend, aber dann sprechen lernt: »Ich bin geliebt — zuerst geliebt von Gott!« Wenn Sie diese Erfahrung machen, sind Sie selbst der Beschenkte. Denn Gott lässt sich niemals etwas schenken, das Zuerst bleibt immer — zuerst geliebt!

Gezweifelt — und überzeugt (Thomas)

Da ist Thomas, genannt Zwilling. Er gehört zu den Jüngern, die nicht in den Vordergrund getreten sind. Nur der Evangelist Johannes berichtet einiges von ihm (Joh 20, 24 ff.). So z. B., dass er ein schwerblütiger, melancholischer, in seinen Gedanken grüblerisch und z. T. destruktiv denkend veranlagter Mensch ist; ein Zweifler, der einerseits von vordergründigen Argumenten ausgeht, andererseits tatsächlich ein nüchterner, verstandesmäßiger Wirklichkeitsmensch ist, aller Leichtgläubigkeit feind, auf Eindeutigkeit aus. »Wer bei Angelegenheiten des Glaubens nicht mit ganzer Seele beteiligt ist, sondern mit halbem Herzen etwas anderes will, der wird als Zweifler bezeichnet« (Alfred Adam).

Als Jesus Thomas seinerzeit mitteilt, Lazarus sei gestorben (Joh 11, 14), da lässt Thomas als Erster die Flügel hängen. Er gibt die Antwort: »Lasst uns mit ihm gehen, dass wir mit ihm sterben« (V. 16), womit er doch wohl sagen will, es komme ja doch nur alles, wie es wolle; es habe jetzt alles keinen Sinn mehr.

Und als Jesus von seinen Jüngern Abschied nimmt und ihnen sagt: »Und wo ich hingehe — den Weg wisst ihr ...«, da antwortete der Zweifler und Grübler sofort wieder entmutigt: »Wie können wir den Weg wissen ...?« (Joh 14, 5).

Dass er dann nach der Kreuzigung als Einziger nicht bei den Jüngern ist, das kann seinen Grund in der gleichen, zum Zweifeln und zur Verzweiflung neigenden Art dieses Jüngers gehabt haben.

Lesen wir einmal, was Johannes im Evangelium, Kapitel 20, in den Versen 24-29 berichtet:

»Thomas aber, der Zwilling genannt wird, einer der Zwölf, war nicht bei ihnen, als Jesus kam. Da sagten die anderen Jünger zu ihm: Wir haben den Herrn gesehen. Er aber sprach zu ihnen: Wenn ich nicht in seinen Händen die Nägelmale sehe und meinen Finger in die Nägelmale lege und meine Hand in seine Seite lege, kann ich's nicht glauben. Und nach acht Tagen waren seine Jünger abermals drinnen versammelt und Thomas war bei ihnen. Kommt Jesus, als die Türe verschlossen war, und tritt mitten unter sie und spricht: Friede sei mit euch! Danach spricht er zu Thomas: Reiche deinen Finger her und sieh meine Hände und reiche deine Hand her und lege sie in meine Seite, und sei nicht ungläubig, sondern gläubig! Thomas antwortete und sprach zu ihm: Mein Herr und mein Gott! Spricht Jesus zu ihm: Weil du mich gesehen hast, Thomas, darum glaubst du. Selig sind, die nicht sehen und doch glauben!«

Thomas ist also nicht mit den anderen Jüngern zusammen, als ihnen Jesus als der Auferstandene begegnet.

Für ihn ist eine Welt zusammengebrochen. Alles, worauf er seine Hoffnung gesetzt hat, ist futsch. Es ist den Juden gelungen, Jesus zu beschuldigen; der Hohepriester Kaiphas hat ihn verurteilen und der Landpfleger Pilatus ans Kreuz schlagen lassen. Da ist Jesus jammervoll gestorben. Alles Bisherige ist wie weggewischt: die gemeinsame Zeit mit ihm; die mit ihm zusammen gemachten Erfahrungen; sein machtvolles Wirken, wie er Kranken, Lahmen, Blinden, Tauben, Aussätzigen, Sündern und Zöllnern liebevoll geholfen hat. Die Erinnerung gilt und hilft nichts mehr.

Die schwermütige und melancholische Veranlagung des Thomas tut noch ein Übriges: Er pflegt nicht mehr die Bindung an seine Freunde. Die Freundschaft bröckelt ab. Der sie zusammengehalten hat, der entscheidende Faktor, Jesus, ist nicht mehr da. Was soll das Ganze? Thomas zieht sich von seinen Freunden zurück. Er versteht »Gott und die Welt« nicht mehr. »An der Grenze zwischen Verstandeserkenntnis und Glaubenserkenntnis meldet sich der Zweifel als der große Widersacher des Glaubens zu Wort« (Helmut Lamparter).

Ich kenne aus der Seelsorgekorrespondenz ganz ähnliches Reagieren von Menschen, die in ihren Glaubenserwartungen enttäuscht wurden, da sich ihre Vorstellungen nicht erfüllt haben und da sie aufgrund dessen begonnen haben, daran zu zweifeln, ob Jesus wirklich Sünde, Tod und Teufel besiegt hat. Sie übertragen diese Zweifel dann auf ihr eigenes Leben. Denn wenn Jesus nicht auferstanden ist, dann kann ich auch nicht sieghaft leben. Was soll dann die ganze Nachfolge? Sie werden zwiespältig in ihrem gottvertrauenden Denken, schwanken wie die Meereswoge (Jak 1, 6). Dieses Hin und Her geht bis hinein ins Gebetsleben. Man betet unerhörlich. Man verletzt natürlich das Vertrauen zu Gott. Die Folge ist nicht selten, dass solche Menschen beginnen, weil sie dem Zweifel immer mehr Raum in ihrem gottvertrauenden Denken geben, sich auch immer mehr von der Gemeinde zurückzuziehen.

Hier gilt es, uns zweierlei klarzumachen. Einmal: Wir tragen Verantwortung füreinander, und zwar nicht nur dann, wenn wir geistlich auf einer Wellenlänge sind, wenn wir gemeinsam am gleichen Strang ziehen, wenn wir einander mögen, sondern auch dann, wenn wir theologisch anders denken, in unserer Nachfolge andere Schwerpunkte setzen, das eine oder andere kritisch hinterfragen, zu zweifeln beginnen.

Hätten die Jünger nur in den ersten drei Fällen Verantwortung für Thomas gezeigt, hätte dieser wohl nicht so schnell aus seiner Resignation und seiner Isolation herausgefunden und dann diese heilsame Begegnung mit dem Auferstandenen Jesus Christus gehabt.

In diesem Bereich gilt es für manchen Nachfolger Jesu, intensiv umzulernen, ein Denken, das zu einer neuen Haltung wird, einzuüben; eben: Verantwortung für den anderen zu tragen.

Aber auch das andere gilt: Der Zweifler muss der Einladung in die Gemeinschaft der Nachfolge Jesu folgen und seine Zweifel zunächst einmal zurückstellen. Diese Einstellung ist dann bereits der erste Schritt aus der Zwiespältigkeit zur Eindeutigkeit.

In unserem Bericht wird nun ein hohes Maß an Verantwortung und Liebe füreinander deutlich. Die Jünger lassen den Thomas nicht mit seinen Zweifeln allein, sondern kümmern sich um den Vereinsamten, in Isolation Geratenen. Ihre Mühe, ihr Bemühen hat Erfolg. Thomas ist wieder bei ihnen, in ihrer Gemeinschaft. Doch er schenkt ihnen keinen Glauben, als sie davon berichten: »Wir haben den Herrn gesehen.« So tief hat sich der Zweifel in ihn hineingefressen, dass er bereits zur Verhärtung seines Willens beiträgt: »Wenn ich nicht ..., will ich's nicht glauben.«

Das ist wie eine Spirale. Je mehr sich Thomas mit sich selber und seiner Enttäuschung beschäftigt, desto tiefer gerät er in die Zwiespältigkeit seines Herzens und gottmisstrauenden Denkens.

Argwöhnisch äußert er sich dahingehend, er sei von Jesu Auferstehung nur dann überzeugt, wenn er mit eigenen Augen die Nägelmale in den Händen Jesu sehen und wenn er mit dem eigenen Finger die Nägelmale und die Seitenwunde betasten könne.

Und nun erfährt Thomas mit den anderen Jüngern zusammen acht Tage später, dass der auferstandene Herr ihm zugehört, seine Bedingungen Wort für Wort gehört hat. So unsichtbar der Auferstandene ist, so nahe ist er. Er ist gegenwärtig wie die Luft, die wir atmen, oder wie Luther sagt: »... näher als unser Rock und Hemd.«

Auch wenn wir das nicht im Text lesen, kann man davon ausgehen, dass Thomas zwar in dem Augenblick erschrickt, wo er inne wird, wie der Auferstandene ihn beim Wort nimmt. Doch es ist ein heilsames Erschrecken. Derjenige, der ihn bei seinem Unglauben und Zweifel ertappt hat, ist ja nicht irgendeiner, sondern der auferstandene Herr, an dessen Auferstehung er ganz konkret gezweifelt hat. Jesus Christus kommt seinem ehrlichen Zweifel entgegen, nicht nur durch sein Schrecken nehmendes »Friede sei mit euch«, das wieder zum Atmen verhilft, sondern dadurch, dass er ihm seine Nägelmale zeigt und nicht die Faust. Seine Wunden, die Zeichen seiner ewigen Barmherzigkeit und Treue, seiner grenzenlosen Liebe, hält er dem Thomas hin und fordert ihn auf: »Sei nicht ungläubig, sondern gläubig!«

Jesus kommt es also nicht auf eine »Lektion« für den »ungläubigen Thomas« an, auch nicht auf eine Bloßstellung vor den anderen Jüngern. Was Thomas lernen soll, ist, dass Jesus gerade ihn in seiner Bedürftigkeit gesehen hat. Punkt für Punkt geht er auf die Forderungen ein, die Thomas in seinem Zweifel gestellt hat, ohne ihn wegen seiner

Zweifel »fertig zu machen«. Wir dürfen daraus aber nun nicht die Gesetzmäßigkeit ableiten, dass Jesus jederzeit auf unsere Zweifel und Forderungen so eingehen wird. Vielmehr appelliert Jesus ähnlich wie bei Thomas an den Willen des Zweiflers, nicht bewusst im Unglauben zu verharren, sondern im Glauben vertrauensvoll Schritte zu tun. »Sei nicht ungläubig, sondern gläubig.« Wer dies wagt, den wird Jesus über kurz oder lang aus der Isolation des Zweifels herausführen.

An dieser Stelle ein kleiner Exkurs über verschiedene Formen des Zweifels. Wieder können wir aus der Seelsorge Jesu lernen für uns selbst und den seelsorgerlichen Umgang mit anderen, denen Zweifel zu schaffen machen.

Zunächst noch eine Vorbemerkung:

»Weisheit und nicht nur psychologischer Scharfblick, Weisheit und nicht nur ein verfügbares Kompendium von Bibelsprüchen, Weisheit (Jak 1, 5) und nicht nur eine Art Operationsbesteck — bestehend aus dogmatischen Richtigkeiten —, um dem Zweifelnden recht und das heißt in diesem Fall in hilfreicher Weise zu begegnen« (Helmut Lamparter), ist notwendig.

Nun zu den verschiedenen Formen des Zweifels:

Zweifel im Vorfeld des Glaubens

Der jugendliche Zweifel
Bisher Gelerntes wird infrage gestellt; eigenes, selbstständiges Denken erwacht; Auseinandersetzung beginnt.

Wichtig:
Dafür Verständnis haben und ernst nehmen. Als Durch-
gangsstation ansehen. Sachliche Antworten geben. Zu
einer personalen Glaubensbeziehung zu Jesus anleiten.

Hilfreich:
In Fürbitte, Liebe und Geduld begleiten (2. Tim 3, 15;
Monika/Augustinus).

Der intellektuelle Zweifel
Für ihn ist die Frage nach der Beweisbarkeit Gottes vorder-
gründig. Vernunft, Verstand spielen eine wesentliche Rolle.

Wichtig:
Zu erkennen helfen, dass es eine unsichtbare Wirklichkeit
gibt; dass die Methode, Gott als Wahrheit zu erkennen,
Glauben heißt (Joh 7, 17; 10, 38). Verlass dich auf seine
Allmacht, Allgegenwart, Allwissenheit!

Hilfreich:
Biblische Argumentation. Jesus sagt: »Wer mich finden
will, findet mich« (Joh 5, 39).

Der vorgeschobene Zweifel
Er ist geheime Flucht vor Gott; will sich damit den berech-
tigten Totalitätsanspruch Jesu vom Hals halten (Joh 3, 19);
ist letztlich Selbstbehauptung.

Wichtig:
Hintergründe dieses Verhaltens im Gespräch aufdecken.
Zu kritischem Verhalten den eigenen Zweifeln gegenüber
anleiten (Joh 3). Gewissenserforschung (Ps 139, 23.24).

Hilfreich:
Zum Gespräch Weisheit (Jak 1, 5) und Vollmacht erbitten
(Apg 1, 8).

Der gedankenlose Zweifel
Man redet, als habe man die Bibel schon mehrmals gelesen
bzw. »dreimalklug« (Mt 22, 23 f.) und plappert doch nur
nach, was andere ebenso gedankenlos daherreden.

Wichtig:
Gerede ernst nehmen. Aussagen anhand der Bibel aufnehmen. Mehr Informationen über den Menschen, Jesus, Gott
und die Welt vermitteln (Joh 5; 1. Kor 1, 8).

Hilfreich:
In Liebe ermutigen, selbst Erfahrungen im Glauben zu
sammeln (Joh 4, 42).

So genannte Glaubenszweifel

Der furchtsame Zweifler (Mt 14, 24 ff., Petrus)
Petrus wagte es mit dem Glauben und möchte auch weiterhin gerne glauben, sieht sich aber durch den »Gegenwind«
konkreter Anfechtung daran gehindert.

Wichtig:
Blickwechsel vornehmen. Wegsehen vom eigenen Unver-
mögen. Jesus wieder fest ins Blickfeld bekommen.

Hilfreich:
Die hohe und seltene Kunst des Tröstens (2. Kor 1, 3-7).

Der angefochtene Zweifler (Ps 73, Asaf)
Asaf versteht »Gott und die Welt« nicht mehr; zweifelt nicht an Gott, aber daran, ob er sich persönlich um ihn kümmert.

Wichtig:
Gegen den Augenschein vertrauen lernen: Ich verstehe dich nicht, aber ich vertraue dir!

Hilfreich:
An Erfahrungen mit Gott erinnern, an seine großen Taten (1. Kor 15, 35 - 42; Hebr 12).

Der ehrliche Zweifler (Mt 11, 12 f., Johannes der Täufer)
Johannes der Täufer hat sich für Jesus ganz eingesetzt; doch seine Erwartungen erfüllen sich nicht. Ihm ist zweifelhaft, ob Jesus der Christus ist.

Wichtig:
Aufkommende Zweifel nicht heimlich wuchern lassen. Mit seinen Fragen zu Jesus gehen. Von ihm Antwort erwarten.

Hilfreich:
Zweifel einander mitteilen. Am Wort Gottes bleiben!

Der redliche Zweifler (Joh 20, 24 ff., Thomas)
Thomas zweifelte nicht an Gottes Wahrheit, Macht und Wirklichkeit. Er ist aller Leichtgläubigkeit feind und verlangt nach echtem, eindeutigem Überführtwerden.

Wichtig:
Ehrlich sein und zugeben, dass Menschen, die mit Jesus gehen, auch Zweifel haben. Ruhig kritisch das Für und Wider abwägen, dann aber sich entscheiden, damit das Hin und Her aufhört.

Hilfreich:
Keine Vorwürfe. Gütig und barmherzig sein!

Kehren wir nach diesem Exkurs über verschiedene Formen des Zweifels zurück zu Thomas.

Als er in dem Auferstandenen seinen gekreuzigten Herrn erkennt, ist ihm, als seien ihm auf einmal die Augen geöffnet worden. Was vorher unüberwindbar schien, ist keine Frage mehr und gerät in den Hintergrund. Die Zweifel des Thomas sind nicht mehr existent. Was ihm begegnet, ist die Macht der Liebe Gottes, die sich in Jesus offenbart. So kann nur einer mit ihm und mit uns und unseren Zweifeln umgehen. Die ganze Herrlichkeit dieser ewigen Liebe Gottes, die nicht mit uns verfährt, wie wir es verdient hätten, begegnet und umfängt den armen Zweifler mit einem solchen Glanz, mit einer solchen Vollmacht, dass er nur noch auf die Knie sinken und betend ausrufen kann: »Mein Herr und mein Gott!«

Der Auferstandene schenkt diesem personifizierten Kleinglauben ein Christusbekenntnis, das an Glanz und Herrlichkeit das Christuszeugnis sämtlicher Jünger, auch das eines Petrus, überragt. Thomas ist überzeugt. Von der Zweideutigkeit ist er zur Eindeutigkeit, der Zwiespältigkeit zur Einheitlichkeit, zur Einigkeit, der Ungewissheit zur Gewissheit, der Unwahrheit zur Wahrheit, dem Unglauben zum Glauben hindurchgedrungen.

Wir lesen nichts davon, ob Thomas tatsächlich mit seinen Händen die Nägelmale und die Seitenwunde betastet hat, oder ob er einfach Jesu Worten Glauben schenkte und dies völlig ausreichte, ihn zu überzeugen. Doch wir können wohl davon ausgehen.

Jesus reagiert auch jetzt anders, als wir es vielleicht erwartet haben. Thomas erhält kein Lob für sein großartiges Bekenntnis. Vielmehr zieht ihn Jesus als Beispiel für die Tatsache heran, dass der Glaube nicht vom Schauen, sondern vom Vertrauen lebt.

An Gott glauben heißt, sich ihm anvertrauen, sich verlassen, sich auf ihn verlassen, sich darauf verlassen, dass er »in Freud und Leid, in Glück und Not« »mein Herr und mein Gott« ist.

Gott selbst vertraut uns, dass wir ihm vertrauen. Er will also unser Vertrauen nur als Antwort auf sein Vertrauen zu uns. Wir können geradezu sagen: Gott glaubt an uns! Glauben heißt also, dass wir uns diesem »maßlosen« Vertrauen Gottes öffnen. Dieses »unglaubliche« Vertrauen, das Gott in uns setzt, will in uns bewirken, dass wir uns selbst verlassen und uns auf Gott einlassen. Da können wir alle Zweideutigkeit, alle Zwiespältigkeit, alle Ungewissheit, alle Unwahrheit und auch allen Unglauben drangeben.

Ein solch glaubendes Vertrauen kann niemals im Zweifel stecken bleiben, sondern ist immer bewegter Vorgang. Das meint auch Jesus, wenn er dem Thomas und auch uns sagt: »Selig sind, die nicht sehen und doch glauben!« Es gibt, möchte ich sagen, zwei Stufen des Glaubens: einen Anfangszustand, in dem sich alle die befinden, die sich Jesus zugewendet haben, die angefangen haben, in seine Nachfolge zu treten; über dieser Zeit steht geschrieben: »Dieweil du gesehen und erfahren hast, so glaubst du« — und einen Fortgangszustand, eine höhere Stufe des Glaubens. Diese höhere Stufe des Vertrauens ist die, zu der die Gläubigen erst allmählich heranreifen sollen. Von dieser gilt es: »Selig sind, die nicht sehen und doch glauben.« Oder wie es eine Liedstrophe sagt: »Wenn ich auch gleich nichts fühle von deiner Macht, du führst mich doch zum Ziele, auch durch die Nacht« (Julie Hausmann, 1826-1901).

Jesus weiß, dass wir nicht gleich in die höhere Stufe des Glaubens hineinkommen, wo wir unabhängig sind von all dem, was uns zuwiderläuft, und nur abhängig sind von unserem »Herrn und Gott«. Doch er will uns durch diese Worte ermutigen, Lernende, Jünger und Jüngerinnen zu bleiben, die in Zeiten, wo sie Gottes Wege mit sich und anderen nicht verstehen, so sie mit Gott hadern und sich vor ihm fürchten, wo sie zweifeln und kleingläubig werden, sich nicht von ihm weg-, sondern sich zu ihm hinwenden. Er will, dass wir uns dann darauf besinnen, wie grenzenlos sein Vertrauen zu uns ist. Solches Nach-denken hilft über unsere Vertrauenskrisen hinweg.

Aber trotzdem sei es gesagt: Vertrauen kann man nicht ein für allemal haben als eine Art Besitz. Es wird immer wieder neu auf die Probe gestellt und muss immer wieder neu bewährt werden. Als Vertrauen ist Glauben immer ein »Wieder-neu-Beginnen«. Das ist möglich, weil Gott immer wieder neu mit uns beginnt. Was bedeutet das für uns? Es bedeutet: Wir sind glücklich, wenn wir an Jesus nicht etwa deswegen glauben, weil wir unkritisch oder naiv sind, sondern deswegen, weil unser Vertrauen zu unserem »Herrn und Gott« einfach keine Beweise als Vorbedingung mehr benötigt. Jesus fordert keinen blinden Glauben oder einfach nur Gehorsam, sondern lädt ein, ihm zu vertrauen.

Noch ein paar Anmerkungen zum Schluss:

Mit seinem Hinweis: »Noch viele andere Zeichen tat Jesus vor seinen Jüngern, die nicht geschrieben sind in diesem Buch. Diese aber sind geschrieben, damit ihr glaubt, dass Jesus der Christus ist, der Sohn Gottes, und damit ihr durch den Glauben das Leben habt in seinem Namen« (Joh 20, 30-31) — scheint es, als wolle Johannes unseren Glauben herausfordern, damit wir auch das Glück des Vertrauen-Könnens ohne das Schauen-Müssen erleben. Denn der Glaube ist kein Balanceakt zwischen Gewissheit und Ungewissheit, nein, er ist eine gewisse Zuversicht auf das, was man hofft, und ein Nichtzweifeln an dem, was man nicht sieht — so definiert ihn der Schreiber des Hebräerbriefes (11, 1).

Niemand ist dazu verurteilt, sich ein Leben lang mit Zweifeln an seiner Gotteskindschaft plagen und herumschlagen zu müssen. Gott lässt sich finden. Verlassen Sie sich! Verlassen Sie sich auf ihn. »Denn Wunder sollen schauen, die sich auf sein wahrhaftig Wort verlassen und ihm trauen!« (Philipp Spitta, 1801-1859).

Ungewiss — und gewiss (Johannes der Täufer)

»Und die Jünger des Johannes verkündeten ihm das alles. Und Johannes rief zwei seiner Jünger zu sich und sandte sie zum Herrn und ließ ihn fragen: Bist du, der da kommen soll, oder sollen wir auf einen anderen warten? Als aber die Männer zu ihm kamen, sprachen sie: Johannes der Täufer hat uns zu dir gesandt und lässt dich fragen: Bist du, der da kommen soll, oder sollen wir auf einen anderen warten? Zu der Stunde machte Jesus viele gesund von Krankheiten und Plagen und bösen Geistern, und vielen Blinden schenkte er das Augenlicht. Und Jesus antwortete und sprach zu ihnen: Geht und verkündet Johannes, was ihr gesehen und gehört habt: Blinde sehen, Lahme gehen, Aussätzige werden rein, Taube hören, Tote stehen auf, Armen wird das Evangelium gepredigt; und selig ist, wer sich nicht ärgert an mir« (Lk 7, 18-23 / vgl. auch Mt 11, 1-16 und Jes 29, 18;35;40).

Es gibt Lebenslagen, die einen Menschen in die Enge treiben. Lebenslagen wie Krankheiten, Einsamkeit, erfahrene Lieblosigkeit, Depressionen, Leid können dazu beitragen, dass einem das Leben über wird. Wer durch solch eine dunkle Tunnelstrecke muss, ist nicht davor gefeit, dass sich Zweifel seiner bemächtigen; Hader mit dem Schicksal beginnt im tiefsten Inneren zu rumoren. Fragen wie: »Warum? Warum ich? Warum so? Warum jetzt? Wozu das Ganze?«, brechen auf. Die Sinnfrage stellt sich. Und über diesem Fragen und Grübeln wird es immer dunkler auf dem Lebensweg.

Es ist eine irrige Meinung zu denken: so kann es doch nur jemandem ergehen, der nicht an Gott und seinen Sohn Jesus Christus glaubt, der nicht wieder geboren ist und nicht den Heiligen Geist hat.

Die Bibel lehrt und bezeugt etwas anderes. Sie sagt deutlich, dass auch der Glaubende, der richtig Glaubende, der auf Jesus Christus sein Vertrauen setzt, in Zweifel kommen kann. Ja, dass die Zweifel an die Wurzel seiner Existenz gehen können. Johannes der Täufer ist ein Beispiel dafür.

Er ist ein Mann unter Gottes Führung, der gewaltig predigt, dessen Botschaft ankommt; der auf Jesus als den Messias weist, der miterlebt, wie sich die Weissagungen des Alten Bundes erfüllen: Die Lahmen gehen, die Blinden sehen, die Aussätzigen werden rein, Tote werden auferweckt, von Dämonen Besessene werden befreit, Schuldbeladene von ihren Lasten erlöst, Zweifler erhalten Gewissheit.

Johannes der Täufer erlebt den gewaltigen Anbruch des Reiches Gottes auf dieser Erde im Kommen und Wirken Jesu. Er ist davon in seiner ganzen Existenz gepackt, im Innersten seines Herzens davon überzeugt, dass Jesus der Messias, der verheißene Heiland ist. So kann er mit Gewissheit sagen — auf Jesus weisend —: »Siehe, das ist Gottes Lamm, das der Welt Sünde trägt!« (Joh 1, 29).

Obwohl er sich gesandt weiß als Herold, als Botschafter dieses Jesus, und die Massen ihm erwartungsvoll am Jordan zulaufen, bekennt er demütig (Joh 1, 27; 3, 30): »Ich bin nicht wert, dass ich seine (Jesu) Schuhriemen löse. (…) Er muss wachsen, ich aber muss abnehmen.« Johannes der

Täufer, ein Mann, der mit beiden Beinen im Leben steht, der vollmächtig verkündigt, Unrecht ebenso Unrecht nennt, wie er das Heil, als in Jesus personifiziert, predigt. Aber gerade dieser Freimut des Gepacktseins von Gottes Auftrag und des Hingezogenseins zur Verkündigung Jesu, die ja den gleichen Akzent setzt: denkt in euren Herzen um, ihr Menschen, damit Gottes Herrschaft in euch anbrechen kann — gerade dieser Freimut bringt Johannes ins Gefängnis. Er kritisiert öffentlich das ehebrecherische Leben des Königs Herodes. Als Folge davon wird er inhaftiert.

Da sitzt nun dieser vollmächtige Verkündiger Gottes in seinem Gefängnis. Stunde um Stunde, Tag für Tag, Woche für Woche. Er denkt nach. Über sich. Über Gott. Über seine Verkündigung. Über Jesus. Und wieder über sich. Seine Lebenslage. Seinen Botschafterdienst. Wieder über Jesus. Und kommt dabei an einen Punkt, wo er plötzlich nicht mehr weiterweiß. Fragen brechen in ihm auf, bestürmende, umtreibende Fragen: Ist Jesus wirklich der Messias, der Heiland der Welt? Ist er der, als den ich ihn angekündigt habe? Habe ich mich geirrt? Habe ich mein Vertrauen in einen Falschen investiert? Habe ich gefälschte Botschaft weitergegeben? Habe ich zu einem Verkehrten gerufen? Fragen über Fragen eines in Zweifel gekommenen Herzens. Hat das denn seine Richtigkeit, wie zurzeit alles geht? Bist du, der da kommen soll? Ganz handfester Zweifel. Ein Mann des Glaubens in der Krise. Es ist dunkel geworden in seinem Herzen, seinem Denken. Wie soll sich das alles einmal ändern? Hat das denn seine Richtigkeit, dass ich mich jetzt in dieser Lebenslage befinde?

Es wird uns nun der gangbare Weg gezeigt, aus diesen Zweifeln herauszukommen. Johannes diskutiert die Frage, ob Jesus der Heiland und Retter der Welt ist, nicht mit seinen Jüngern. Er stellt die Vertrauensfrage an den, den sie betrifft, an Jesus. Zwar kann er selbst nicht persönlich zu Jesus hingehen — er ist ja gefangen —, aber er schickt zwei seiner Vertrauten mit seiner Frage: »Bist du, der da kommen soll, oder sollen wir auf einen anderen warten?«, zu Jesus. Er macht somit das einzig Richtige: Er kommt mit seinen Fragen zu Jesus.

Das ist immer der richtige Weg: Reden mit Jesus! Reden mit Gott! Das zeigen uns die Angefochtenen, die Zweifler des Alten und Neuen Testamentes. Sie sind zu treu, als dass sie von Gott abfallen sollten, aber auch zu erschüttert durch das ihnen Unverständliche seines Waltens, als dass sie ihm ihr fragendes, zweifelndes Herz, ja ihr Befremden nicht zeigen müssten. Was nicht Gebet ist in ihren Äußerungen, das ist Beichte. Weil sie von Gott nicht lassen wollen, so dürfen sie sich ihm zeigen, wie sie sind.

Weil sie sich in ihrer höchsten Not nicht an irgendeinen Menschen, sondern an ihren Gott gewandt haben, darum sind sie keine Gefallenen, keine Ungläubigen, keine Verzweifelten geworden. Sie sind mit ihren Fragen und Zweifeln bei Gott geblieben: »Mein Gott, mein Gott, warum?«

So ist es auch mit Johannes dem Täufer. Wenn er die Fragen, den Unmut, die Zweifel, die er gegen die Wirkungsweise Jesu fühlte, als Groll in seinem Herzen behalten hätte, so hätte dieser Groll zur Bitterkeit werden und ihn damit zu Fall bringen können. Doch durch sein Fragen tut sich so etwas wie ein Ventil auf, so dass all das herauskann, was ihn quält und umtreibt. Er fragt ganz offen bzw. lässt fragen: »Bist du, der da kommen soll, oder sollen wir auf einen andern warten? Hat das seine Richtigkeit, dass ich jetzt in dieser Lebenslage bin?«

Was bekommt er zu hören? »Und Jesus antwortete und sprach zu ihnen (den Jüngern des Johannes, Anm. d. Vf.): Geht und verkündigt Johannes, was ihr gesehen und gehört habt: Blinde sehen, Lahme gehen, Aussätzige werden rein, Taube hören, Tote stehen auf, Armen wird das Evangelium gepredigt; und selig (glücklich also oder gerettet, Anm. d. Vf.) ist, wer sich nicht ärgert an mir (der nicht irre an mir wird, Anm. d. Vf.).« Das ist die Antwort Jesu. Ist das alles? Ist das nun Trost, Ermutigung? Ein freundliches Gedenken? – Was Jesus dem Johannes sagen lässt, das haben ihm seine Jünger doch selbst längst gesagt. An diesen Großtaten hat Johannes ja gerade Anstoß genommen. Das war es ja gerade, was ihm zur Anfechtung geworden ist, ihn zum Zweifeln geführt hat. Den anderen hilft er. Ihm nicht. Um ihn, seinen Botschafter, kümmert er sich gar nicht. Wie soll er das verstehen? Was soll das?

»Warum?« – das ist die Frage nach den Zusammenhängen, wenn man die Ursache erforschen will. So kann die Frage »Warum?« not-wendig werden, heilsam, wenn die Beantwortung Konsequenzen in sich trägt. Mit diesem »Warum?« stelle ich mich selbst infrage. Die Frage »Warum?«, die ja oft an die Verzweiflung grenzt, kann, wenn sie mich zu Jesus führt, zu einem Reifungsprozess werden, zu einem Wendepunkt des Lebens in der Krise, der mich im Glauben an ihn fester denn je bindet und mich langsam begreifen lässt, was Jesus dann auch Johannes dem Täufer antwortet. Denn da kommt nun diese in die Tiefe gehende, den Johannes und sein Leben, sein Fragen und Zweifeln treffende Antwort: Es hat seine Richtigkeit. Selig ist, wer nicht irre an mir wird. Glücklich ist, wer sich nicht an mir ärgert! Was heißt das?

Im ersten Augenblick scheint die Antwort Jesu an Johannes tatsächlich rätselhaft zu sein — aber beim Darüber-Nach-Denken kann uns aufgehen, dass ein wunderbarer Trost für Johannes in diesen Worten Jesu verborgen liegt. Diese Worte weisen ja deutlich hin auf Jesaja 35, 5.6, auf die Verse, die Johannes ganz gewiss auswendig wusste. Diese Worte sagen eindeutig die Aufgabe des Messias voraus. »An der Erfüllung dieser Weissagung«, meint Jesus, »kannst du, Johannes, merken und sehen, dass ich der verheißene Messias, der da kommen soll, auch wirklich bin.«

Diese Erinnerung sollte aber wohl noch mehr im gottvertrauenden Denken des Johannes bewirken. Ich erinnere an Ausführungen, die ich zu Thomas, dem so genannten Zweifler, gemacht habe, dem Jesus die Worte sagte: »Selig sind, die nicht sehen und doch glauben« (Joh 20, 29). Mir erscheinen diese Gedanken so wesentlich, dass ich sie hier nochmals wiederholen will:

Es gibt, wie gesagt, zwei Stufen des Glaubens, einen Anfangszustand, in dem sich alle befinden, die begonnen haben, Jesus nachzufolgen; über diesem Zeitpunkt steht: »Weil du mich gesehen hast, Thomas, darum glaubst du.« Und es gibt einen Fortgangszustand, ein Gereiftsein im Glauben. Diese höhere Stufe des Glaubens ist die, zu der die Nachfolger Jesu, seine Jünger und Jüngerinnen, erst allmählich heranreifen. Von dieser Glaubenshaltung heißt es: »Selig sind, die nicht sehen und doch glauben.« — Einmal ganz menschlich erklärt: Wie glücklich ist man doch, wenn einem seine Liebe und Zuneigung zu einem Menschen abgenommen wird, ohne dass man jedesmal einen Beweis dafür erbringen muss. So nennt Jesus diejenigen unter seinen Nachfolgern glücklich oder glückselig, die ohne ständige Beweise vertrauen, ihm glauben, ihn lieben!

Jesus weiß, dass wir nicht sofort in die höhere Stufe des Glaubens hineingelangen. Sozusagen unabhängig sind von all dem, was uns zuwiderläuft, und nur abhängig sind von ihm und unserer Liebe zueinander.

Das ist das Trostvolle in dieser Geschichte, dass Jesus den Johannes nicht verdammt, sondern dass er ihn hineinführen möchte in die höhere Stufe des Vertrauens, wo er nicht sehen, fühlen, erfahren soll, sondern wo er *glauben* lernt, vertrauen gegen den Augenschein: Jesus ist der verheißene Messias, der verheißene Gottessohn, auch wenn alle äußeren Umstände gegen ihn sprechen und ihm, dem Johannes, völlig unverständlich bleiben, gerade auch, was seine eigene Lebenslage betrifft.

Dieses Ruhen in Gott, diesen Glauben lernen wir nur dann, wenn uns Jesus den Boden unter den Füßen wegzieht und uns in Tiefen hineinführt, wo wir ihn zwar nicht mehr verstehen, aber uns — aufgrund unserer durch Liebe und Vertrauen geprägten Beziehung — zu dem Bekenntnis durchringen: Ich verstehe dich nicht, aber ich vertraue dir! Es muss an der Gestalt Jesu und auch an unserem eigenen Weg, den wir geführt werden, etwas übrig bleiben, was wir in diesem Leben nie verstehen werden. Nur dann können wir erfahren, was in dem Wort enthalten ist: »Selig ist, wer nicht an mir Anstoß nimmt, wer sich nicht an mir ärgert, wer sich durch nichts an mir irremachen lässt.« — Wer nicht über seine Führungen murrt und klagt und seufzt, sondern hinfindet zu dem Bekenntnis: »Wenn ich auch gleich nichts fühle von deiner Macht, du führst mich doch zum Ziele, auch durch die Nacht«, und: »Wenn mir gleich Leib und Seele verschmachtet, so bist du dennoch meines Herzens Trost und mein Teil ... denn du hältst mich bei meiner rechten Hand ...«, der wächst, reift in die höhere Stufe des

Glaubens, des Vertrauens zu Gott. Wenn ich vertraue, dass alles seine Richtigkeit hat, dann kann ich mich auf diese Lebenslage, die mich bedrängt, einstellen, damit leben lernen, ihr einen Sinn abgewinnen. Kräfte, die bisher durch die Ungewissheit aufgerieben oder gebunden waren, kann ich jetzt zu konstruktiver Gestaltung meines zukünftigen Lebens einsetzen. Bedrängnis und Unverstandenes bekommen heilsamen Sinn. Dadurch bekommt das Leben wieder Wert. Ich werde identisch mit der Absicht Gottes mit meinem Leben.

Das Wort: »Selig, wer sich nicht ärgert an mir«, ist das letzte Wort Jesu an Johannes. Es beweist, dass Jesus Johannes wirklich in einer Stunde der Not und Anfechtung, des Zweifelns und Grübelns erblickt, aber zugleich, dass er ihn gerettet wusste. Jesus spricht kein »Wehe!« über den, der sich an ihn klammert, sondern eine Seligpreisung. Johannes soll lernen, mit gefasster Seele still und getrost zu werden und Jesus zu vertrauen, komme, was da wolle.

Auch wir müssen uns darauf gefasst machen, dass wir im Wachsen und Reifen unseres Glaubens manchmal dahin kommen werden, wo wir uns nichts mehr zusammenreimen können und wo uns sozusagen der Verstand stillsteht, wo wir nichts mehr begreifen, wo wir, wenn wir um Aufschluss unserer Lebenslage bitten, keine andere Antwort bekommen als die Bestätigung der Dinge, wie sie sind, und keine Lösung und Befreiung aus der augenblicklichen schweren Lebenslage erfolgt und alles dunkel bleibt. Dann heißt es für uns: Bei dem allen wollen wir uns nicht herausbringen lassen aus dem Vertrauen zu Jesus, wir wollen uns nicht ärgern an ihm und seinem Wort. Wir sollen wachsen und reifen, tiefer zum Glauben geführt werden. Er ist da — und er bleibt!

Bei der Vorbereitung dieses Beitrags musste ich mehrmals an Dietrich Bonhoeffer denken. Um die Jahreswende 1944/45 saß (auch) er im Gefängnis und durchkämpfte eine ähnliche Krise. Mit seinen Überlegungen gibt er uns ein Stück Wegweisung und Hilfe in der Auseinandersetzung mit unseren Fragen, Problemen, Ängsten und Zweifeln.

Er schreibt: »Ich muss die Gewissheit haben können, in Gottes Hand und nicht in Menschenhänden zu sein. Dann wird alles leicht, auch die härteste Entbehrung. Es handelt sich jetzt bei mir nicht um eine begreifliche Ungeduld, sondern darum, dass alles im Glauben geschieht.«

Hat Jesus Christus schon bisher die Mitte in seinem Leben eingenommen, so kreist jetzt Bonhoeffers Denken im Gefängnis erst recht intensiv um Jesus Christus.

Er schreibt: »Was mich unablässig bewegt, ist die Frage, was das Christentum oder wer Christus heute für uns eigentlich ist.«

Und er kommt dann zu dem Schluss:

»Unser Christsein wird heute nur in zweierlei bestehen: im Beten und im Tun des Gerechten unter den Menschen.«

Mit Beten meint Bonhoeffer hier die enge Verbundenheit mit Gott. Er hält darum fest an der täglichen Ordnung von Bibellesen, Gebet, auch wenn ihm danach nicht zumute ist. Diese »geistliche Disziplin«, die er sich auferlegt, ist für ihn gerade in der Leidenszeit eine Quelle der Kraft.

Für andere zu leben, das kann auch die Gestalt annehmen, für andere und mit anderen zu leiden. Solches Leiden jedoch stürzt Bonhoeffer nicht in Zweifel an Gott. Im Gegenteil. Er schreibt:

»Es ist gut, früh genug zu lernen, dass Leiden und Gott kein Gegensatz sind; sondern eher eine notwendige Einheit; für mich ist die Idee, dass Gott selber leidet, immer das weit überzeugendste Stück christlicher Lehre gewesen.«

Dietrich Bonhoeffer kann das so schreiben, weil er sich in guten und bösen Tagen von Gott führen lässt, und das schenkt ihm die tiefe Gewissheit: »Gottes Hand und Führung ist mir so gewiss, dass ich hoffe, immer in dieser Gewissheit bewahrt zu werden. Ich gehe dankbar und froh den Weg, den ich geführt werde.«

Sich führen lassen, verlangt ständig eine neue Hinwendung zu Gott. Auf alten Erfahrungen sitzen zu bleiben, genügt nicht. Bonhoeffer meint dazu:

»Ein Christenleben besteht nicht in Worten, sondern in Erfahrung. Niemand ist Christ ohne Erfahrung. Nicht von Lebenserfahrungen ist hier die Rede, sondern von den Erfahrungen Gottes. Aber auch nicht von allerlei Gotteserlebnissen wird hier gesprochen, sondern von der Erfahrung, die in der Bewährung des Glaubens und des Friedens Gottes liegt, von der Erfahrung des Kreuzes Christi.

Erfahren sind nur die Geduldigen. Die Ungeduldigen erfahren nichts. Wem Gott solche Erfahrung schenken will, dem schickt er viel Anfechtung, Unruhe und Angst, der muss täglich und stündlich um den Frieden Gottes schreien. Die Erfahrung, von der hier die Rede ist, führt uns in die Tiefe der Hölle und in den Rachen des Todes und in den Abgrund der Schuld und in die Nacht des Unglaubens. Aber in dem allen will Gott seinen Frieden nicht von uns nehmen. In dem allen erfahren wir von Tag zu Tag mehr die Kraft und den Sieg Gottes, den Friedensschluss am Kreuze Christi.« Aus dieser Gewissheit heraus kann Dietrich Bonhoeffer sprechen:

»In mir ist es finster, aber bei dir ist es licht!
Ich bin einsam, aber du verlässt mich nicht!
Ich bin kleinmütig, aber bei dir ist die Hilfe!
Ich bin unruhig, aber bei dir ist der Friede!
In mir ist Bitterkeit, aber bei dir ist die Geduld!
Ich verstehe deine Wege nicht, aber du weißt den Weg für mich!«

Die tägliche Verbundenheit mit Gott durch Bibellesen und Gebet schenkt Bonhoeffer bei all seinen Anfechtungen diese Gewissheit:

»Ich glaube, dass Gott aus allem, auch aus dem Bösesten, Gutes entstehen lassen kann und will. Dafür braucht er Menschen, die sich alle Dinge zum Besten dienen lassen.

Ich glaube, dass Gott uns in jeder Notlage so viel Widerstandskraft geben will, wie wir brauchen. Aber er gibt nicht im Voraus, damit wir uns nicht auf uns selbst, sondern auf ihn verlassen. In solchem Glauben müsste alle Angst vor der Zukunft überwunden sein.«

Ein persönliches Erlebnis möchte ich noch weitergeben: Es war Ende 1972, als ich mit meinem Leben an einem Tiefpunkt angekommen war. Nach einem Herzinfarkt und massiven Schlafstörungen war ich nach Geist, Seele und Leib so geschwächt, dass ich in große Anfechtungen kam. Ich musste in eine Klinik.

Die Anfechtungen wurden so stark, dass ich vor der Frage stand, ob Jesus wirklich »mein Herr und mein Gott« sei. Viele weitere Fragen bedrängten mein Herz und Denken. Allen voran die Frage »Warum?« Auch das »Wozu?«, auf das viele fromme Menschen mit ihren Antworten dann so schnell ausweichen, fand kein Echo in meinem Herzen. Ich konnte nicht mehr recht beten, auch das Bibellesen machte mir Schwierigkeiten. Es wurde dunkel in mir. Gegen mein Widerstreben ging ich am 3. Adventssonntag doch in den Gottesdienst. In mein mit Zweifel, Hader, Schmerz, Traurigkeit und Resignation erfülltes, wundes Herz traf an diesem Morgen Jesu Wort: Gerettet bist du, wenn du dich nicht an mir ärgerst, wenn du nicht irre an mir wirst, auch wenn die Wege zurzeit ganz anders verlaufen, als du es dir von Herzen wünschst, so ganz gegen deine Erwartungen.

Unter dem Hören des Wortes Gottes verschärfte sich die Krise in meinem Leben. An diesem Morgen kam ich mir unter den vielen Gottesdienstbesuchern vor, als spräche der Pfarrer nur zu mir. Er sagte mir, was ich alles schon wusste: dass Jesus hilft; dass er, der Retter, größer ist als alle Not; dass Jesus Wege allerwegen hat; dass Jesus treu ist; dass er mit uns ist auch im dunklen Tal; auch dann, wenn wir gerade nichts spüren von seiner Macht. Es waren alles Worte des Zuspruchs, des Vertrauens, der Ermutigung, des Trostes, Worte, die die Treue und Liebe Gottes groß machten und die alles in allem sagen wollten: Verzweifle nicht, fürchte dich nicht, sei nicht bange, ich bin bei dir; ich bin der Herr, dein Gott!

Dann kam der Schuss vor den Bug meines schwankenden Lebensbootes. Es waren diese Worte, damals gerichtet an Johannes den Täufer, die mich trafen: Glücklich ist, wer nicht irrewird an mir; wer sich nicht an mir ärgert, wenn er seine Lebenslage nicht mehr begreifen und verstehen kann.

Dann ging ich unter dem Eindruck dieser Worte — sie waren für mich plötzlich zum Zuspruch und zum Anspruch geworden — auf mein Zimmer, setzte mich in meinen Sessel und schaute längere Zeit hinaus auf die

Tannen im Park. Ich dachte nach. Ist das dein Jesus, der dir begegnet ist, den du kennen gelernt hast? Der bisher dein Leben geführt hat? Soll es wirklich wahr sein, dass er auch jetzt bei dir ist, wo du gar nichts davon spürst? Dass er dich nicht verlässt, nicht im Stich lässt, dass du nicht zuschanden werden wirst? Ist er bei dir in deinem schwankenden Lebensboot — oder mit dem anderen Bild ausgedrückt: in deinem Gefängnis? — Dass es nur den Anschein hat, als schlafe er, als sei er nicht gegenwärtig?

Ich holte meine Bibel und schlug sie auf. Mein Blick fiel auf Psalm 73: »Dennoch bleibe ich stets an dir; denn du hältst mich bei meiner rechten Hand, du leitest mich nach deinem Rat und nimmst mich am Ende mit Ehren an. Wenn ich nur dich habe, so frage ich nichts nach Himmel und Erde. Wenn mir gleich Leib und Seele verschmachtet, so bist du doch, Gott, allezeit meines Herzens Trost und mein Teil.« Ich las den ganzen Psalm 73 und ließ ihn auf mich wirken. Dabei wurde es immer ruhiger in mir. Beim Nachdenken über meine Lebenslage zog Frieden in mein Herz ein, und wenn ich schon »nach-denken« sage, dann war ich nicht weit entfernt vom Danken, zu dem ich noch an diesem Sonntag fand. Dank für die unaussprechliche Treue Gottes, die all meine Untreue überbrückt. Dank für das Gehaltensein in der Zeit meines schwankenden und zweifelnden Denkens. Ich ließ vom Aufbegehren ab. Ich fand zu einem Ja mit meiner Lebensführung und erlebte, dass im Ja zum Willen Gottes die Kraft zum Überwinden liegt.

Gelernt habe ich weiterhin, dass man auf der Schattenseite des Lebens das Leben der Angefochtenen besser begreift als auf der Sonnenseite. Die Gleichstellung mit ihnen, das Sich-in-ihre- Lebenslage-Einfühlen, macht uns in unserem eigenen Verhalten barmherziger.

Noch etwas möchte ich sagen: Mir ist klar geworden, dass die, die so ganz am Ende sind mit ihren eigenen Kräften, für Jesus gerade recht sind für einen neuen Anfang, für das Reifen ihres Glaubens von der Stufe: »Dieweil du gesehen und erfahren hast, glaubst du«, in die höhere Stufe: »Selig sind, die nicht sehen und doch glauben.«

Geschäftig —
und andächtig (Marta und Maria)

»Als sie aber weiterzogen, kam er in ein Dorf. Da war eine Frau mit Namen Marta, die nahm ihn auf. Und sie hatte eine Schwester, die hieß Maria; die setzte sich dem Herrn zu Füßen und hörte seiner Rede zu. Marta aber machte sich viel zu schaffen, ihm zu dienen. Und sie trat hinzu und sprach: Herr, fragst du nicht danach, dass mich meine Schwester lässt allein dienen? Sage ihr doch, dass sie mir helfen soll! Der Herr aber antwortete: Marta, Marta, du hast viel Sorge und Mühe. Eins aber ist not. Maria hat das gute Teil erwählt; das soll nicht von ihr genommen werden« (Lk 10, 38 - 42).

Würden wir auf der Straße eine Umfrage machen nach dem einen, das lebensnotwendig ist, wir bekämen die unterschiedlichsten und gewiss auch interessantesten Antworten. Vielleicht würde der eine antworten: Heute sind Aktionen notwendig. Ein anderer würde darauf hinweisen, dass endlich die Preise stabil bleiben müssten. Wieder ein anderer sähe die Notwendigkeit, dass endlich Friede zwischen den Völkern werde, und zwar nicht nur zwischen den Großmächten. Vielleicht würde auch ein Politiker auf den Hauptpunkt seines Programms hinweisen. Und vielleicht wäre unter den Befragten auch einer, dem diese Geschichte von Marta und Maria einfiele und der dann so etwas sagen würde wie: Wir müssen zu »Jesu Füßen sitzen und auf sein Wort hören«. Die große Frage jedoch, die an diesen Menschen zu stellen wäre, müsste die sein, ob er wirklich weiß, was er damit sagt, und ob er wirklich tut, was er weiß — und ob das in seinem Leben tatsächlich Priorität hat?! Da liegt nämlich die Not vieler Leute Jesu in unseren Tagen. Sie tun nicht, was sie wissen. Sie finden zum Beispiel nicht mehr in die Stille, die schöpferische Pause, ja noch nicht einmal mehr die Ruhe, um zur Ruhe zu kommen. Aktionen jagen Aktionen.

Unsere Zeit ist gekennzeichnet von einem großen Innerlichkeitsschwund. In einem Brief, in dem mich jemand um seelsorgerlichen Rat fragte, standen die Worte: »Ich bin ausgebrannt, ausgepumpt. Bei mir ist Matthäi am Letzten. Ich kann meinen körperlichen und psychischen Ausverkauf nur noch mit Erschütterung zur Kenntnis nehmen. Keiner versteht mich. Hilfe kann ich daher auch von niemandem erwarten. Alle drehen sich um sich und ihre Aktivitäten. Doch mir ist das alles über. Sehen Sie eine Chance, dass das anders werden kann?« —

Das ist kein Einzelfall. Viel mehr Menschen, als wir ahnen, leiden unter dieser Identitätskrise. Unser hoch technisiertes Zeitalter, unsere lärmtolle Welt, unsere verseuchte und verschmutzte Um- und Innenwelt, die eiskalte Atmosphäre des Wohlstandsmilieus, das Überangebot der Vergnügungsindustrie und Freizeitgestaltung, die enormen sozialen Umbrüche, die ständig sich jagenden Aktionen, die Zeitstehlmaschine Fernsehen, der überfüllte Terminkalender — all das trägt dazu bei, dass so viele schlecht zu sich selbst und zu Gott finden.

Die innere Substanz wird angegriffen und ausgezehrt: Wer keinen Halt hat, droht umzukommen im Sog der Zerstreuung. Unheimlich ist die Kraft, die Menschen hin- und herreißt in Aufgaben und Verantwortungen. Doch es sind nicht nur die tausend äußeren Verpflichtungen, die am Menschen heute zerren und mit denen er nicht fertig wird, sondern auch die vielen unbewältigten inneren Fragen, die ungelöst rumoren. Das lässt viele, wie unsere Sprache so tiefsinnig sagt, nicht mehr zu sich selbst kommen. Man verliert sich und weiß nicht, wie man sich wieder finden und gewinnen soll. Und weil man darüber Gott als die Mitte aus dem Blickfeld verliert, kommt man ins Rotieren. Man wird sich gewiss nicht wieder finden, wenn man auf sich selbst starrt und wähnt, sich selbst aus der Verlorenheit, dem Strudel herausholen und retten zu können.

Die Folgen zeigen sich dann in Psychosen und Neurosen, in Schlaflosigkeit und Unzufriedenheit, in Glaubensarmut und kraftlosem Zeugnis und Einsatz für Jesus Christus. Depressionen und Aggressionen sind oftmals der Versuch, mit diesem Dilemma fertig zu werden. Die Seele schreit über die Organe SOS. Und viele überhören das.

Die Geschichte von Marta und Maria hat uns, im Blick auf diese bedrängenden Fragen, etwas Altes ganz neu zu sagen:

Wir wollen lernen, die Spannungen zwischen Tun und Ruh'n, zwischen Diakonie und Mission, Aktion und Meditation, Horchen und Gehorchen, Geben und Empfangen, geschäftig und andächtig sein wieder fruchtbar werden zu lassen.

Für Jesus ist das Haus der beiden Schwestern eine Oase. Die Gastfreundschaft, die er dort empfängt, tut ihm gut. Beide Schwestern nehmen ihn in ihr Haus auf; doch in unterschiedlicher Art und Weise.

Marta setzt ihre äußeren Mittel, ihr Haus und ihre Hände, ihr Geld und ihre Habe, ein, um Jesus zu dienen. Sie legt einen enormen Arbeitseifer an den Tag. Sie schafft herbei, was Haus, Hof und Keller hergeben. Sie macht sich dabei viel Mühe. Der gesamte Haushalt gerät in Bewegung, sie ist — wörtlich übersetzt — in Turbulenz. Sie macht sich viel zu schaffen, Jesus zu dienen. Sie meint, er sei in Not, und sie müsse seine Not wenden, Leistung bringen, ihre Pflicht erfüllen. — Das ist ihre Weise, Jesus aufzunehmen.

In Marta sehen wir einen Menschen, der Jesus mit seiner Hände Arbeit, seiner Aktivität, seinem Geld und seinen Möglichkeiten dienen will.

Maria nimmt Jesus auch auf, doch ganz anders. Sie setzt sich zu seinen Füßen, hört ihm zu, was er zu sagen hat; sie lässt sich dienen. Ihre Liebe zu Jesus durchbricht alle gesellschaftlichen Schranken. Denn nur Männer saßen so zu Füßen eines Lehrers. Die Frauen hatten in der Küche zu tun. Aber Maria vergisst über ihrer Liebe zu Jesus alle diese Gepflogenheiten und sitzt und hört begierig auf die Worte des Lebens.

Beide Frauen wollen Jesus dienen. Beide wollen ihn aufnehmen. Die eine tut es, indem sie die Gebende ist und Jesus zum Empfangenden macht.

Die andere tut es, indem sie Jesus den Gebenden sein lässt und sich zur Empfangenden macht. Darin sind sie unterschiedlich und doch Geschwister. Ob diese »beiden Geschwister« nicht auch in uns sind?! Einmal wollen wir Gott dienen, ganz für ihn da sein; und ein ander Mal wollen wir, dass Gott für uns da ist, uns dient. Grundsätzlich, wie schon erwähnt, eine heilsame Spannung, wenn sie in richtiger Spannung zueinander steht, und diese dadurch fruchtbar wird.

Zum Konflikt kommt es, als Marta sich darüber ärgert, dass ihre Schwester Maria sich anders verhält als sie. Sie sieht sich durch ihre passive Schwester um die Anerkennung gebracht. Ja, wer sich selbst so in Arbeit stürzt, kann das Ruhen des anderen ganz schlecht verkraften. Er meint, das sei Müßiggang. Ist ja auch verständlich, wenn man sich selbst abschuftet, nicht weiß, wie man die viele Arbeit bewältigen soll, der andere aber die Arbeit Arbeit sein lässt und dem Besucher still zuhört. Da kann einem schon einmal der Gaul durchgehen, denn das ist doch ein starkes Stück — so denkt mancher.

Entstehen an dieser Stelle nicht viele Konflikte, Spannungen, Krisen, Auseinandersetzungen im Miteinander, weil man nicht ertragen, nicht aushalten kann, dass der andere in seiner Nachfolge anders ist, als man selbst es für richtig hält?!

Noch einmal: Marta ärgert sich über Marias Verhalten. Sie ist neidisch auf Maria und deren schönen, bequemen Platz zu Jesu Füßen. Warum sucht sie nun nicht das Gespräch mit ihrer Schwester, um sie zur Mitarbeit zu bitten, wie es doch am natürlichsten wäre? Statt dessen wird aus ihrem inneren Groll ihrer Schwester gegenüber der äußere Vorwurf gegen Jesus. Ja, sie sucht in Jesus einen Bundesgenossen für ihren Unmut. Sie platzt heraus: »Herr, fragst du nicht danach, dass mich meine Schwester lässt allein dienen? Sage ihr doch, dass sie auch zupackt!« Der Vorwurf trifft eigentlich zuerst Jesus: »Bist du blind für die Nichtstuerei meiner Schwester Maria? Ich rackere mich ab, und du lässt meine Schwester seelenruhig dir zu Füßen sitzen? Bring sie doch auf Trab!« Sie beklagt sich bei Jesus und möchte seine Autorität vor ihre Wünsche spannen. Sie möchte Jesus auf ihre Seite ziehen und sich mit ihm gegen ihre Schwester durchsetzen.

Was hier abläuft — geschieht das nicht immer wieder auch in unserem Leben, bewusst oder unbewusst? Wir beklagen uns über Lebensumstände und Menschen bei Gott. Wir bitten ihn um Beistand für die Erfüllung unserer Wünsche und Erwartungen; wir wollen ihn für uns vereinnahmen gegen andere, die uns in der Art ihrer Nachfolge nicht passen. Doch Jesus macht da nicht mit. Er sagt eindeutig: »Der andere darf anders sein in seinem Dienen!«

»Marta, Marta, du hast viel Sorge und Mühe, du bist in großer Turbulenz; eins aber ist not! Maria hat in ihrer Weise, mich den Gebenden sein zu lassen und selbst die Empfangende zu sein, das gute Teil erwählt. Und das soll nicht durch deinen Einspruch von ihr genommen werden.«

Was will Jesus damit sagen, mit diesem »Eins ist not!«? Nun, sehen wir genau hin:

Wenn Dienste und Aktionen erstrangig werden, wird das Leben — auch das Leben eines Menschen, der an Jesus glaubt und ihm folgt — sorgenschwer und mühselig. Dann folgt er nämlich nicht mehr seinem Meister, sondern seinen eigenen Initiativen. Denn mein Dienst für Jesus lässt sich nicht an dem Gesichtspunkt der Zweckmäßigkeit beurteilen. Mein Dienst für Jesus besteht darin, dass ich mir zuerst von Jesus dienen lasse. Erfolg mag man haben. Das ist aber noch lange nicht Frucht. Frucht kann man nicht produzieren. Sie will wachsen. Jesus nennt den Namen der Marta zweimal. Ein Zeichen seines eindringlichen Mahnens: Marta, ich suche nicht dein rastloses Dienen, deine ständige Aktivität — ich suche dich selbst. Dich will ich! Du machst augenblicklich das Zweitrangige zum Erstrangigen — daher so viel Sorge, Mühe und Turbulenz in deinem Leben. Du hast die Prioritäten in deinem Leben verschoben. Es geht *um mich* in erster Linie und dann erst um *den Dienst für mich*.

Es geht darum, dass wir von dem verderbenbringenden Gedanken befreit werden, als ob wir mit dem, was wir tun, Gottes Sache in dieser Welt retten könnten. Wir müssen lernen, dem, was Gott in seinem Wort und durch sein Wort an uns tut, bewusst stille zu halten. Wir müssen lernen, uns diesem Wort wieder ohne Hektik auszusetzen. Schweigen und Zuhören sind dabei die Grundvoraussetzungen. Billy Graham sagte einmal: »Wir müssen das Achtfache von dem schweigen, was wir reden!«

Es ist so: Wenn Dienste und Aktionen — auch für Jesus — erstrangig werden, verlieren wir die richtige Perspektive unseres Lebens. Es wird sorgenschwer, mühselig und geistlich fruchtlos.

Was ist denn das eine, von dem Jesus sagt, es sei unbedingt notwendig? Das Verhalten der Maria gibt Aufschluss darüber. Maria hat erkannt, dass Jesus nicht in erster Linie nach Leistung fragt, sondern Bereitschaft sucht, sich dienen zu lassen. Er will gar nicht zuerst haben, er will geben, mit uns teilen, was er von Gott empfangen hat. Wir können also den Text auch so wiedergeben, dass wir sagen: *Einer* ist notwendig. Unsere Not soll gewendet werden. Jesus ist der Notwendende, wir die Notleidenden. Er, nicht unser Dienst für ihn, ist der entscheidende Faktor.

Wenn *wir* bestimmen, was die Stunde fordert, qualifizieren wir dieselbe und blockieren damit, was Jesus will. Da liegt die Not der Marta. Sie erkennt nicht, dass Jesus ihr begegnen will. Sie will ihm dienen, statt sich seinen Dienst gefallen zu lassen. Damit tut sie aber gerade nicht, was die Stunde, was der Augenblick von ihr fordert.

Der Segen dieser Stunde geht für sie verloren, nicht wegen der Arbeit, die sie sich macht, sondern weil es Jesus jetzt nicht aufs Arbeiten ankommt.

Das aber hat Maria in diesem Augenblick erkannt. Sie wehrt sich auch nicht gegen die Vorwürfe ihrer Schwester. — Sie gibt nicht tüchtig kontra: »Siehst du, Jesus, so ist die Marta immer zu mir. Jetzt hörst du's einmal selbst, wie die mich ständig antreibt; wie ich mich immer ihr anpassen soll.« Nichts von solchen Worten wird gesagt. Maria bleibt ruhig. Woher gewinnt sie die Kraft dazu? Maria hat richtig erkannt: Jetzt, wo Jesus hier ist, muss ich mir vor allem von ihm dienen lassen, sonst kann ich nicht recht dienen. Sie ist offen und bereit für Gottes Stunde und erfasst das Gebotene der Stunde.

Keinesfalls darf man die beiden Schwestern gegeneinander ausspielen. Denn es geht um die Frage: Was ist im Augenblick der Einkehr Jesu erstrangig — das Dienen oder das Sich-dienen-Lassen? Diese Frage ist auch heute brennend. Es geht um den Kairos, den Augenblick. Es geht darum, dass wir lernen, das Richtige im rechten Augenblick zu tun. In unserer Geschichte war es in diesem Augenblick das Hören, das Stillewerden, das Sich-dienen-Lassen. Direkt vor unserem Abschnitt im Lukasevangelium war es die Aktion, um die es ging. Dort wird uns die Geschichte vom barmherzigen Samariter berichtet, die Jesus mit der Aufforderung schließt: »So geh hin und tu desgleichen!«

Es geht in unserem Leben immer wieder um die entscheidende Frage, zu erkennen, was Zinzendorf einmal in einem Lied so formuliert hat: »Ob's etwa Zeit zum Streiten, ob's Rasttag sei!«

Die Voraussetzung unseres Dienstes für Jesus ist der Dienst Jesu für uns und an uns. Wie können wir uns von Jesus dienen lassen, damit diese Spannung von »geschäftig und andächtig« auch in unserem Leben fruchtbar wird?

Drei bis heute gültige Wegweisungen können wir dieser Geschichte von Marta und Maria entnehmen, die mit dazu beitragen, dass Leute Jesu aus ihrer Identitätskrise herausfinden und ein stabiles Glaubensleben erfahren, das dann auch Frucht trägt.

1. Bewusste Abhängigkeit von Jesus. Diese Haltung scheint immer weltfremder zu werden, auch bei Jesusleuten. Man will Partnerschaft mit Gott in kollegialer Weise bis hinein ins Gebet. Doch der Totalitätsanspruch Jesu kann nur in demütiger Weise angenommen werden. Herr ist Jesus Christus!

Die Identitätskrise wird sich fortsetzen, man wird geistlich weiter ausrinnen, wenn man nicht zur Haltung Marias findet. Jesu Wort gilt es, ohne Wenn und Aber, zu akzeptieren. Jesus liebt uns und will uns dienen, ja, er will uns göttliche Vollmacht schenken. Auch heute wohnt er bei denen, »die zerschlagen und demütigen Geistes sind« (Jes 57, 15). Ohne diese demütige Haltung sind wir für Gottes Sache dienstuntauglich. Er will uns zuerst dienen, bevor er uns zum Dienst ruft. Es gilt also, die richtigen Prioritäten zu setzen: Das Wichtige kommt immer vor dem Eiligen!

2. Stille und Sammlung. Auch auf diesem Gebiet bleibt Jesus unser Vorbild. Er hat vor neuen Aktivitäten immer die Stille vor Gott gesucht. Es waren seine schöpferischen Pausen, in denen er die notwendige Kraft für seine ihm von Gott aufgetragenen Aufgaben bekam. Wir dürfen über Aktionen für Gottes Sache nicht die Sammlung im Gespräch mit Gott vergessen und damit letztlich den entscheidenden Faktor aus den Augen verlieren. In der Stille vor Gott bekommen wir die notwendige Spannkraft und Dynamik, mit den vielen Konflikten des Lebens konstruktiv umgehen zu lernen, mit ihnen fertig zu werden bzw. sie tragen und ertragen zu lernen.

Die Termine *mit* Gott haben immer Vorrang vor den Terminen *für* Gott, sonst wird das Leben mühselig und sorgenvoll!

3. *Wirkliches Hören.* Zuhören fällt den meisten Menschen heute schwerer als Reden. Zuhören ist unbeliebt in unserer Zeit. Der Diskussion wird der Vorzug gegeben. Gewiss haben Gespräche ihre gute Bedeutung und Berechtigung. Gottes Wort will aber nicht diskutiert, sondern vor allem gehört und dann gelebt werden. Auf dem Weg des Zuhörens begegnet uns, unter dem Wirken des Heiligen Geistes, Gott. Jesus dient uns. Das ist aber nicht nur ein äußerer akustischer Vorgang. Wer auf Jesu Wort hört, braucht Zeit, diesem Wort seine ungeteilte Aufmerksamkeit zu schenken. Dann kann in seinem Leben etwas geschehen — etwas Schöpferisches durch Gottes Geist. Das Wort Gottes ist voller Heilkraft, voller Geist und Leben. Mit dem glaubensvollen Zuhören empfangen wir Kräfte und Gaben, wir haben teil am Leben Gottes. Zum Horchen gehört das Gehorchen. Und nur wo ein Mensch wirklich horcht, kann er auch hingehen und gehorchen!

Wenn also Jesu Wirken an uns das Erstrangige ist, wird unser Leben, unser Dienst fruchtbar. Wir lernen, nichts mehr in Eigeninitiative — auch als so genannte fromme Leistung — zu tun, sondern in Abhängigkeit von Jesus Christus, unserem Herrn. Wir lernen, dass der Wert unserer Persönlichkeit nicht in unserer Verwertbarkeit liegt, sondern im Angenommen- und Geliebtsein durch Jesus. Viele wehren sich gegen diese göttliche Logik, die unserer menschlichen Logik so entgegen ist. Maria bewies, dass es ihr nicht um Selbsterbauung und auch nicht um

Selbstverwirklichung im frommen Gewand ging. Im Kreis der Frauen hielt sie standhaft unter dem Kreuz Jesu aus (Mk 15, 40). Sie setzte sich für die Sache Jesu Christi ganz und tapfer ein.

Es geht also darum, zu lernen, dass vor *unserem* Dienst für Jesus *sein* Dienst an uns steht. Bevor wir uns auf den Weg machen, gilt es, sich zu sammeln in der Konzentration vor und auf Gott. Dann bleiben wir in all unserem Tun von seinem Leiten und Wirken abhängig.

Leopold Ziegler, der Überlinger Philosoph, ließ schon zu seinen Lebzeiten auf seinen Grabstein meißeln: »Ich habe gehorcht!« Er meinte damit beides: das intensive Hören und das entschlossene Tun. Leben beginnt mit dem Hören und Empfangen, und es setzt sich fort mit dem Tun und Handeln. Leben bedeutet, dass Jesus uns dient und wir die Empfangenden sind, und dass wir Jesus dienen und weitergeben, was er uns anvertraut hat. Nicht mehr, aber auch nicht weniger. Daher: Wir wollen horchen, was Jesus sagt, und tun, was er sagt. Das sind dann wirklich schöpferische Pausen, in denen die Spannung von »andächtig und geschäftig« konstruktiv wird.

Niedrig —
und angesehen (Maria,
die Mutter Jesu)

Wer sich mit Maria, der Mutter Jesu, beschäftigt, kommt
aus dem Nachdenken und Staunen über diese Frau und die
Wunder, die Gott an ihr tat, nicht heraus.

Betrachten wir einige Stationen ihres Lebens unter
dem Aspekt, was wir für unser Leben von ihr lernen
können.

Ein erster Aspekt aus dem Lukasevangelium, Kapitel
1, 26-38:

»Und im sechsten Monat wurde der Engel Gabriel
von Gott gesandt in eine Stadt in Galiläa, die heißt Naza-
reth, zu einer Jungfrau, die vertraut war einem Mann mit
Namen Josef vom Hause David; und die Jungfrau hieß
Maria. Und der Engel kam zu ihr hinein und sprach: Sei
gegrüßt, du Begnadete! Der Herr ist mit dir! Sie aber
erschrak über die Rede und dachte: Welch ein Gruß
ist das?

Und der Engel sprach zu ihr: Fürchte dich nicht,
Maria, du hast Gnade bei Gott gefunden. Siehe, du wirst
schwanger werden und einen Sohn gebären, und du sollst
ihm den Namen Jesus geben. Der wird groß sein und Sohn
des Höchsten genannt werden; und Gott der Herr wird
ihm den Thron seines Vaters David geben, und er wird
König sein über das Haus Jakob in Ewigkeit, und sein
Reich wird kein Ende haben.

Da sprach Maria zu dem Engel: Wie soll das zugehen, da ich doch von keinem Mann weiß?

Der Engel antwortete und sprach zu ihr: Der heilige Geist wird über dich kommen, und die Kraft des Höchsten wird dich überschatten; darum wird auch das Heilige, das geboren wird, Gottes Sohn genannt werden.

Und siehe, Elisabeth, deine Verwandte, ist auch schwanger mit einem Sohn, in ihrem Alter, und ist jetzt im sechsten Monat, von der man sagt, dass sie unfruchtbar sei. Denn bei Gott ist kein Ding unmöglich.

Maria aber sprach: Siehe, ich bin des Herrn Magd; mir geschehe, wie du gesagt hast. Und der Engel schied von ihr.«

Maria wird etwas Übernatürliches angekündigt. Sie erschrickt über den Zuspruch. Deshalb ist es natürlich, dass sie ihre Bedenken formuliert: »Wie soll das zugehen ...?« Sie bekommt eine Erklärung dafür: »Der heilige Geist wird über dich kommen.« Das ist für sie unbegreiflich. Trotzdem, sie glaubt der unglaublichen Botschaft. Sie stellt sich dem Anspruch Gottes: »Siehe, ich bin des Herrn Magd; mir geschehe, wie du gesagt hast.«

Aus freien Stücken willigt Maria in Gottes Absicht mit ihrem Leben ein. Sie wird identisch mit dem Willen Gottes über ihrem Leben, obwohl sie ihn überhaupt nicht versteht. Deshalb kann Elisabeth, ihre Freundin, später zu ihr sagen (vgl. Lk 1, 39-45): Du hast Gnade bei Gott gefunden; Gott hat dich lieb; du bist Gott richtig; dich kann er in dieser deiner Einstellung, deiner Haltung, deiner Gesinnung gebrauchen; du sollst sein Werkzeug sein.

Ohne solche Aufgeschlossenheit gibt es kein Kommen Gottes in unser Leben. Nur die Niedrigkeit, die nicht hoch hinaus will, will Gott erhöhen. Denn Gott widersteht den Hochmütigen, aber den Demütigen schenkt er Gnade (1. Petr. 5, 5), ihnen naht er sich. Demut – Diene-Mut – ist eine konkrete Erwartungshaltung für Gottes große Taten.

Aussagen, die wir mit unserem Kopfwissen vielleicht bejahen. Wenn es aber dann ans Umsetzen in unserem Alltag geht, merken wir die Schwierigkeiten. Denn es geht ja um Sinnesänderung mit gelebten Konsequenzen, wenn wir ernstlich fragen: Bin ich klein genug, dass er mich erhöhen kann; bin ich wirklich niedrig, dass er mich ansehen kann, dass ich An-sehen bei ihm genieße?!

Ob Sie und ich nicht auch immer wieder einmal feststellen, dass wir immer noch die eigene Ehre suchen; dass wir befriedigt sind, wenn man uns ehrt, und beleidigt sind, wenn wir nicht genügend anerkannt werden?!

Dieses Denken »Niedrig – und angesehen« passt nicht so richtig in unsere menschliche Logik. Und es fällt uns gar nicht so leicht, uns in diese göttliche Logik einzulassen. Denn rätselhaft und geheimnisvoll sind Gottes Wege. Wer versteht sie? Wer geht sie freiwillig mit? Wir sind ja nicht Gottes Ratgeber. Wir können nur Gottes Sprechen und Handeln, wie es uns in der Bibel bezeugt wird und wie wir es selbst erfahren, zur Kenntnis nehmen, annehmen und leben. Paulus sagt es so: »Was nichts ist, das hat Gott erwählt« (1. Kor 1, 28). Erwählen geschieht immer nach Gottes unbegreiflichem Ratschluss. Es schließt Verdienst und Würdigkeit des Menschen aus. Natürlich passt uns das nicht so recht: Aus freien Stücken von Gott erwählt und dann noch dazu berufen, brauchbares Werkzeug in seiner Hand, ohne Eigenwilligkeit, zu sein – das passt uns nicht!

Wie gehen wir mit diesem Unbegreiflichen um, das unseren Verstand übersteigt, z. B. mit dem »Bei Gott ist kein Ding unmöglich«? Ist uns das eine Herausforderung, oder nivellieren wir so ein Wort auf unseren Erfahrungsbereich, sind sozusagen fälschlicherweise selbstgenügsam?

Ist unsere konkrete Erwartungshaltung Gott gegenüber nicht weithin abhanden gekommen? Bleiben wir im Erschrecken gefangen? Verzichten wir von vornherein auf die Erfahrung außergewöhnlicher Machterweise Gottes? Auf dass Gottes Wirken und Handeln nur in den althergebrachten Bahnen und Normalitäten, in denen unser Leben sich abspielt, verläuft?

Stellen wir uns den unglaublichen Herausforderungen, wie Maria es tut: »Siehe, ich bin des Herrn Magd; mir geschehe, wie du gesagt hast.« Dass wir – trotz des: »Wie soll das zugehen …« – unseren Glauben einsetzen als Machtfaktor, in dem Wissen, »dass denen, die Gott lieben, alle Dinge zum Besten dienen« (Röm 8, 28); oder frei wiedergegeben: Gott gibt denen das Beste, die ihm die Wahl lassen, weil sie ihn lieb haben. – Oder benutzen wir unseren Glauben lediglich dazu, aus ihm Hilfe zum Tragen und Ertragen jener Lasten zu ziehen, die wesentlich unser Glaubensleben bestimmen und beschränken wollen? Gottes Wille ist, dass wir von unseren Möglichkeiten und Unmöglichkeiten Abschied nehmen und offen werden für sein Handeln.

Lernen wir von Maria: Das menschlich Unmögliche ist für sie eine Herausforderung, Gott, der es zugesagt hat, uneingeschränkt zu vertrauen. Denn es gilt: »Wunder sollen schauen, die sich auf sein wahrhaftig Wort verlassen und ihm trauen.«

Wir wollen nun einen zweiten Aspekt aus dem Leben Marias bedenken.

»Und Maria sprach: Meine Seele erhebt den Herrn, und mein Geist freut sich Gottes, meines Heilandes; denn er hat die Niedrigkeit seiner Magd angesehen. Siehe, von nun an werden mich selig preisen alle Kindeskinder. Denn er hat große Dinge an mir getan, der da mächtig ist und dessen Name heilig ist. Und seine Barmherzigkeit währt von Geschlecht zu Geschlecht bei denen, die ihn fürchten. Er übt Gewalt mit seinem Arm und zerstreut, die hoffärtig sind in ihres Herzens Sinn. Er stößt die Gewaltigen vom Thron und erhebt die Niedrigen. Die Hungrigen füllt er mit Gütern und lässt die Reichen leer ausgehen. Er gedenkt der Barmherzigkeit und hilft seinem Diener Israel auf, wie er geredet hat zu unseren Vätern, Abraham und seinen Kindern in Ewigkeit« (Lk 1, 46-55).

Maria investiert mitten in der Krise nicht nur Vertrauen, das alle Vernunft übersteigt; ihrem Lobgesang, ihrem Gebet nimmt man ab: Es lebt aus der Hingabe an Gott, ohne Rückhalt: »Ich bin des Herrn Magd.« Maria nimmt im Glauben für sich in Anspruch, was Gott zugesagt hat und was er auch einlösen wird. Sie versteht ihn nicht, aber sie vertraut ihm. Ihre Worte sind eine Verherrlichung des Ratschlusses Gottes. Er verfügt über die Großen und die Kleinen der Welt und auch über mich — das bringt sie zum Ausdruck. Darüber ist sie getrost und fröhlich und preist ihn.

Diese Haltung Marias zeigt uns ein bedingungsloses Ja zu Gottes Willen und Weg. In diesem Ja liegt die Annahme dessen, was Gott gibt, wenn es auch zunächst unbegreiflich erscheint. Es ist die Zustimmung zu dem, was Gott will, auch wenn es über alle menschlichen Gedanken hoch erhaben ist. Es ist die Zuversicht zu dem, was Gott verheißt, auch wenn diese Verheißung die Grenzen unseres Lebens ganz und gar sprengt.

Wenn Krisen im Leben und Glauben zu Reifezeiten werden sollen, muss es im Leben des Nachfolgers Jesu sol-

che Stunden immer wieder geben, in denen sein gottvertrauendes Denken ein solches Ja, ein solches: »Ich verstehe
dich nicht, aber ich vertraue dir«, spricht. Ohne dieses
uneingeschränkte Ja wird es kein Wachsen, Reifen und
Fruchttragen im Glaubensleben geben. Dieses Ja finden
wir wohl nur dann, wenn wir von unseren Möglichkeiten und Unmöglichkeiten weg- bzw. absehen und
allein Gott und seine großen Taten ins Blickfeld bekommen. Da eröffnet sich ein Leben, das den Hunger nach
Sein und den Durst nach Sinn stillt. Grenzen werden
erweitert, biologische und physiologische Gesetzmäßig-
keiten werden überschritten. Diese Erfahrung führt in
neue Dimensionen des Glaubens, der Freude, der Anbetung.

Wir bekennen ja im Glaubensbekenntnis das auch mit
unserem Verstand nicht Fassbare, wenn wir sprechen:
»Empfangen vom Heiligen Geist, geboren von der Jung-
frau Maria.« Das ist für uns zwar unbegreiflich; wer jedoch
das Unbegreifliche aus der Bibel streicht, der verzichtet aufs
Staunen und auf die Anbetung; der bleibt bei sich in der
Armut, trotz des vorhandenen Reichtums, den Gott zur
Verfügung stellt.

Halten wir fest: Maria versteht Gottes Weg mit ihrem
Leben nicht; trotzdem vertraut sie ihm, betet ihn an, freut
sich in ihm, bezeugt seine großen Taten und macht seinen
Namen groß.

Wie ist das bei uns? Gibt es bei uns auch dieses Trotzdem, dieses Vertrauen auch dann, wenn wir menschlich
Unmöglichem gegenüberstehen, in dem Wissen: »Bei Gott
ist kein Ding unmöglich!«?

Inwieweit motivieren uns diese großen Taten Gottes,
das Außergewöhnliche im Glauben für uns in Anspruch

zu nehmen und sozusagen im Voraus Gott in der Anbetung und im Lobpreis die Ehre zu geben?!

Noch einen dritten Aspekt aus dem Leben Marias wollen wir bedenken und Konsequenzen daraus für uns ziehen. Obwohl Maria ein uneingeschränktes Ja zu Gottes Willen und Weg hat, muss sie sich in den einzelnen Gegebenheiten und Fragen immer wieder neu für diesen Willen und Weg Gottes entscheiden. – Das heißt, sie muss ihren Platz immer wieder neu in ihrem Alltag suchen.

Bisher hat Maria all das Unverständliche angenommen. Wir lesen zwar nicht, welche Gedanken und Empfindungen ihr durch Herz und Sinn gegangen sind, als sie z. B. den weiten Weg als Schwangere unterwegs sein musste, keinen geeigneten Platz zur Entbindung fand, vielmehr erfahren musste, wie man als Fremdling behandelt wird. Da kann man schon bitter werden, wenn man überall abgewiesen wird. Auch Fragen an Gott können in einem laut werden: Warum ich? Warum jetzt? Geht's nicht auch anders? Warum geht's den anderen besser?

Warum lässt sich Maria trotzdem auf Gottes Zuspruch und Anspruch ein? Doch wohl darum, weil sie – wie bereits erwähnt – ein uneingeschränktes Ja zu Gottes Willen und Weg hat. Sie hat das ja bekundet: Ich stelle mich dir zur Verfügung. Da bin ich. »Ich bin des Herrn Magd; mir geschehe, wie du gesagt hast.«

Maria ist nicht nur ohne Jammern und Klagen ihren Weg gegangen, sondern war wohl auch bereit, sich weiter führen zu lassen. Zwar hat sie durch den Engel Gabriel eine so überwältigende Schau dessen bekommen, was Gott durch sie in der Welt tun will; aber dann kam wieder der Alltag, und da musste sie immer wieder neu ihren Platz suchen. Ein paar Streiflichter:

– Da ist der zwölfjährige Jesus im Tempel (Lk 2, 41-52).

Als die Eltern wieder heimreisen wollen, ist ihr Sohn verschwunden. Sie suchen ihn. Nach drei Tagen finden sie ihn im Tempel mitten unter den Lehrern sitzen, wie er zuhört und fragt.

Die Mutter Jesu ist entsetzt und fragt ihn: »Mein Sohn, warum hast du uns das getan? Siehe, dein Vater und ich haben dich mit Schmerzen gesucht.« Doch Jesus antwortet: »Warum habt ihr mich gesucht? Wisst ihr nicht, dass ich sein muss in dem, was meines Vaters ist?«

Es kommt zur ersten Krise zwischen Mutter und Sohn. Maria muss erkennen: »Ich nehme nicht mehr den ersten Platz in seinem Leben ein. Mein Sohn hat jemanden gefunden, der in seinem Leben mehr Bedeutung hat als ich.« Solche Erkenntnis schmerzt. Es gilt freizugeben, loszulassen, auch dann, wenn man es »nicht versteht« (Lk 2, 50). Nur im gewollten Loslassen kann ich in der Krise zu einer neuen Beziehung heranwachsen, d. h. auch: in meiner Persönlichkeit reifen.

– Ein anderes Streiflicht: Maria kommt in die Krise, weil sie ihren Platz im Alltag neu suchen und finden muss. Da ist die Situation, dass Jesus seine Jünger aussendet, sie beauftragt zu predigen und ihnen Macht gibt, Seuchen zu heilen und Teufel auszutreiben. Dann kommt er heim zu den Seinen, und die Menschen umlagern ihn wieder. Da lesen wir, wie seine Mutter und seine Brüder äußern: »Er ist von Sinnen« (Mk 3, 21). Sie halten ihn für verrückt. Sie verstehen ihn nicht.

Hier stehen wir wieder vor der Frage: Was ist denn für unseren Glauben, für unsere Nachfolge normal? Das, was wir fassen können, was unseren Horizont nicht übersteigt, oder müssen wir nicht endlich lernen, das Unfassbare, das Ver-rückte, das nicht für uns, aber für Gott und den Glauben Normale wieder ins Blickfeld zu bekommen; das, was die Vernunft übersteigt, weil bei Gott kein Ding unmöglich ist? Nicht das Fantastische ist gemeint, sondern das, was Gott will!

Was wir selber wollen, wissen wir meist sehr genau. Zu erkennen, was Gott will, erfordert ein inneres Reifwerden, ein Freiwerden vom Eigenen. Ein Halm wächst von Knoten zu Knoten — ich habe dieses Bild schon einmal gebraucht. Beim genauen Hinsehen kann man erkennen, dass der Halm sowohl seine Stabilität als auch seine Elastizität den Knoten verdankt. Und je stabiler ein Halm, desto schwerere Frucht kann er tragen.

Gottes Absicht ist, dass Jünger und Jüngerinnen Jesu Lernende sind, also von Krise zu Krise wachsen; d. h. auch von Schwierigkeit zu Schwierigkeit.

Jeder dieser Kulminationspunkte zwischen Eigenwille und Gottes Wille wird für Maria zu einer Wachstumskrise, zu einer Herausforderung, neu zu denken, neu zu empfinden, neu sich zu verhalten, neu zu sprechen bzw. das zu üben, was wir auch von ihr lesen: Und sie »behielt alle diese Worte und bewegte sie in ihrem Herzen« (Lk 2, 19.51).

Wer solche Lebenskrisen als Herausforderung annimmt, für den werden sie nicht zur Überforderung. Er erlebt vielmehr: Im Ja zum Willen Gottes liegt die Kraft zum Überwinden! Zum Wachsen, Reifen, Fruchttragen gehört das Loslassen von Menschen und Dingen. Maria muss lernen, dass ihr das Kind, Jesus, ihr Kind, eine Zeit lang anvertraut ist. Je älter Jesus aber wird, desto weniger hat sie ein Recht, ein Anrecht auf ihn, kann sie für sich persönlich — nach eigenem Denken — etwas erwarten. Im

Loslassen liegt ganz neuer Gewinn fürs Leben. Es werden neue Einsichten, neue Erkenntnisse vermittelt.

— Ein drittes Streiflicht zeigt uns, wie Maria Lernende bleibt und daran reift:

Im Johannesevangelium, Kapitel 2, lesen wir von ihrer Anwesenheit bei der Hochzeit zu Kana. Als dort der Wein ausgegangen ist, bittet Maria ihren Sohn um Hilfe. Sie lässt sich auch nicht durch dessen scheinbare Ablehnung irritieren, sondern weist die Diener an:

»Was er euch sagt, das tut.« Das ist eine wichtige Anweisung an uns alle, um unseren Platz in unserem Alltag zu finden und auch auszufüllen. Maria weist von sich weg auf Jesus hin. Sie fordert uns damit auf, unser Denken, Empfinden, Sprechen und Handeln von Jesus bestimmen zu lassen, von ihm alles zu erwarten, auch das Unmögliche. Nicht sie steht im Mittelpunkt, sondern Jesus.

Wird Maria nicht doch eine besondere Stellung eingeräumt in der Heilsgeschichte und damit auch in ihrem Leben? Dieser Frage wollen wir uns stellen. Lesen wir doch:

»Gepriesen bist du unter den Frauen«, und: »Siehe, von nun an werden mich selig preisen alle Kindeskinder.« Das sind doch zwei Hinweise auf Marias besondere Stellung, die natürlich auch Krisen beinhaltet. Maria ist und bleibt die Mutter Jesu. Sie hat den Gottessohn unter ihrem Herzen getragen und hat ihn mit Schmerzen zur Welt gebracht. Sie hat ihn in Windeln gewickelt und in die Krippe gelegt. Sie hat seine Atemzüge mit Mutterliebe belauscht und seine ersten Schritte mit Muttersorge bewacht. Sie hat zuerst in ihm den Heiland der Welt entdeckt und hat alle seine Worte in ihrem Herzen bewahrt. Sie hat mit ihm gekämpft und gelitten, sie stand in den schwersten Stunden seines Lebens unter seinem Kreuz und hat dort vielleicht noch tiefer als je zuvor die Wahrheit wie einen Schwertstich in ihrer Seele erfahren (Joh 1, 11): »Er kam in sein Eigentum; und die Seinen nahmen ihn nicht auf.«

Maria wird aber trotzdem nicht über ihr Geschlecht erhoben, sondern mitten in die Frauenwelt hineingestellt: »Unter den Frauen«, lesen wir. Was sie hervorhebt, ist nicht ihre Sündlosigkeit, sondern ihr uneingeschränktes Gottvertrauen. Sündlos ist nur das Kind, das Gott durch sein wunderbares Geheimnis in dieses Frauenleben hineingelegt hat. Die letzten Fasern ihrer Innerlichkeit hat Maria für Gott aufgeschlossen. Von ihr können wir lernen, wie wir auch in den schweren Stunden und in den größten Forderungen Gottes sprechen können: »Siehe, ich bin des Herrn Magd; mir geschehe, wie du gesagt hast.« Im Zurückstehen wird Maria erhöht; sie ist bei Gott angesehen!

Wie oft versteht Maria ihren Sohn nicht; auch dann nicht, als er sagt: »Wer Gottes Willen tut, der ist mein Bruder und meine Schwester und meine Mutter« (Mk 3, 35). Aber sie geht trotzdem mit ihm bis unter das Kreuz. Da muss sie ihn endgültig abgeben. Sie lernt Gehorsam bis ans Ende. Maria bleibt eine Jüngerin, eine Lernende. Dabei geht es durchs Kreuz zur Krone. Auch da zeigt sich: Im Ja zum Willen Gottes verliert das Leiden seine Macht.

Maria wird zur Frau unter dem Kreuz. Als die Männer versagen, bewährt sie sich mit den anderen Frauen. Judas verrät seinen Herrn, Petrus verleugnet seinen Meister, die anderen Jünger — mit Ausnahme des Johannes — bringen sich in der Stunde der Gefahr in Sicherheit. Aber die Frauen finden wir unter dem Kreuz. Sie leiden mit und halten im Leiden aus, auch Maria, die ja in dieser schweren Stunde eine doppelt schwere Last zu tragen hat, muss sie doch die Hinrichtung ihres Sohnes miterleben. Doch sie erfährt in dieser Stunde die Fürsorge Jesu, der sie unter den Schutz des Johannes stellt (Joh 19, 25-27). Und sie erhält die Aufgabe, für diesen Johannes da zu sein. So zeigt uns Maria, wie wir als Nachfolger Jesu lernen sollen, mit Krisen konstruktiv umzugehen, indem wir ein Ja zum Willen Gottes mit unserem Leben finden.

Maria hätte allen Grund gehabt, sich traurig, verzweifelt, enttäuscht, empört und verbittert zurückzuziehen von Gott und den Menschen. Manche Menschen reagieren jedenfalls so, wenn sie Gott und die Welt nicht mehr verstehen. Ihre Seele tritt dann in den Streik. Darüber kann ein Mensch nach Geist, Seele und Leib krank werden. Doch der andere Weg, den wir nun schon mehrmals angesprochen haben, ist dann der richtige. Dieses Bekenntnis: Herr, ich verstehe dich nicht, aber ich vertraue dir!

Immer wenn man nicht mehr weiterweiß, kann man sich von Gott einen Menschen erbitten, der für einen selbst da ist und für den man da sein kann, so wie Maria und der Jünger Johannes nun füreinander da sein sollen. Das hilft dann auch, über den Schmerz besser hinwegzukommen. Da fällt Licht in das Dunkel der angefochtenen Seele.

— Noch ein letztes Streiflicht: Die letzte Mitteilung, die wir im Neuen Testament von Maria erhalten, finden wir in der Apostelgeschichte. Dort wird berichtet, dass die Jünger Jesu nach dessen Auferstehung und Himmelfahrt zusammenkommen »samt den Frauen und Maria, der Mutter Jesu« (Apg 1, 14). Maria hat ihren Platz dort, wo wir nach dem Willen Gottes alle hingehören: Maria nimmt teil an dem wichtigsten Tun der Gemeinde Jesu, an dem gemeinsamen Gebet. Auch das können wir von ihr lernen: Unser Platz ist in der betenden Gemeinde, der Gottes

Gegenwart und Gottes Segen verheißen wird. Diese Beter erfahren — als Antwort auf ihr Beten — das Pfingstwunder der Ausgießung des Heiligen Geistes. Sie empfangen die Vollmacht, das Wort von dem gekreuzigten und auferstandenen Jesus Christus zu verkündigen, dem Sohn Marias. Maria gehört zu der Gemeinde, von der die Menschen der Umgebung sagen: »Seht, wie sie einander liebhaben!« Maria hat Gottes Anspruch und Zuspruch verstanden. Sie hat sich ihm gestellt: »Siehe, ich bin des Herrn Magd; mir geschehe, wie du gesagt hast.« So konnten für sie die Krisen ihres Lebens zu Reifezeiten werden.

Drei Feststellungen und drei Fragen sollen am Ende dieses Kapitels stehen:

— Maria und ihr Glaubenswissen: »Sie behielt alle diese Worte und bewegte sie in ihrem Herzen« (Lk 2, 19).
  Wie steht es mit unserem Bibelwissen und Gebetsleben? Wie wenden wir es an?

— Maria und ihr Glaubensleben: »Mir geschehe, wie du gesagt hast« (Lk 1, 38).
  Haben wir ein uneingeschränktes Ja zu den Führungen Gottes in unserem Leben?

— Maria und ihre Glaubensspiritualität: »Meine Seele erhebt den Herrn, und mein Geist freut sich Gottes, meines Heilandes« (Lk 1, 46.47).
  Ist die Freude am Herrn auch unsere Stärke? (Neh 8, 10).

Ein besiegter Sieger (Jakob)
1. Mose Kapitel 25-33

Jakobs Biographie ist hoch interessant. Sie fesselt, wenn man sich mit ihr befasst. Sie ist voller Dramatik. Trotzdem ist sie keine Heldengeschichte. Uns begegnet ein Mann, den Gott nicht loslässt und der von Gott nicht loskommt. Jakob ist zwar klug wie eine Schlange, leider aber nicht ohne Falsch wie die Taube (Mt 10, 16).

Jakobs Geschichte

Skrupellos betrügt er seinen Bruder Esau ums Erstgeburtsrecht. Dieser tauscht es ein gegen ein Linsengericht. Mit List erschleicht Jakob dann später von seinem Vater den Erstgeburtssegen. Was ihm die Feindschaft seines Bruders Esau einbringt. Seine Mutter warnt ihn davor. Jakob ist der Lieblingssohn seiner Mutter; Esau der seines Vaters. Jakob kann sich der Rache seines Bruders nur durch die Flucht nach Haran entziehen. In Haran lebt der Bruder seiner Mutter, Laban. Auf dem Weg dorthin hat Jakob ein besonderes Gotteserlebnis. Im Traum spricht Gott zu ihm. Er schließt einen Bund mit Jakob: »Ich bin der Herr, der Gott deines Vaters Abraham, und der Gott Isaaks, das Land auf dem du schläfst, will ich dir und deinen Nachkommen schenken ... In dir sollen gesegnet sein alle Geschlechter der Erde, und in deinen Nachkommen. Siehe, ich bin mit dir; ich werde dich behüten überall, wohin du gehst. Ich werde dich heimkehren lassen in dieses

Land; ich will dich nicht verlassen, bis ich getan habe, was ich dir gesagt« (1. Mose 28, 13-15).

Jakobs Leben in der Fremde

In der Fremde, bei Laban, muss Jakob viel Lehrgeld zahlen. Er erlebt: Es gibt auch andere, die schlau sind. Laban, der zu seinem Schwiegervater wird, gibt ihm nicht wie versprochen nach sieben Jahren Arbeit seine jüngere Tochter Rachel zur Frau, sondern Lea, seine ältere Tochter. Erst nach weiteren sieben Jahren bekommt Jakob Rachel zur Frau. Das »Wie du mir, so ich dir« Jakobs lässt nicht lange auf sich warten. Jakob revanchiert sich durch ein raffiniertes Täuschungsmanöver, indem er die besten Tiere der Herden für sich aussondert und dann das Weite sucht mit seinen Familien und seinem Hab und Gut, das inzwischen groß geworden ist.

Jakobs Heimkehr

Nach 20 Jahren in der Fremde ist Jakob auf dem Weg in seine Heimat. Er ist dabei nicht glücklich, obwohl er äußerlich gesehen Grund dazu hätte. Die Angst ist sein ständiger Begleiter. Sie macht ihm schwer zu schaffen. Seine Vergangenheit holt ihn ein. Wie wird sein Bruder ihm begegnen? Wird er ihm seinen Betrug heimzahlen? Wird er ihm verzeihen? Jakobs Gedanken und Gefühle lassen ihn nicht zur Ruhe kommen. Das schlechte Gewissen schlägt ihm. Er fühlt sich nicht wohl in seiner Haut. Viele Fragen treiben ihn um: Was kommt auf mich zu? Wie soll ich mich verhalten? Was soll ich machen? Wie vorgehen? Was wird aus mir, aus meinen Familien, aus meinem Hab und Gut? Alles Fragen, die beunruhigen, wenn man in eine Krise kommt; selbstverschuldet oder nicht. Doch eine

Krise ist nicht nur eine Gefahr, sondern auch eine Chance. Die Chance, zu re-signieren; seine Unterschrift zurückzunehmen, seine bisherigen Vorstellungen zu korrigieren und neu anfangen zu können.

Jakobs Schuld

Jakob hat nicht nur Esau gegen sich; nein, auch den lebendigen Gott. Bei ihm steht er auch in der Schuld durch Lug und Trug. Schuld belastet eine Beziehung; trennt voneinander, solange sie ungesühnt, unvergeben ist. Schuld ist das zentrale Problem bei Beziehungsstörungen. Die Folge ist Angst. Und die hat Jakob. Er weiß: Bei Gott verjährt Schuld nicht. Schuld kann man auch nicht stornieren; sich auch nicht aus dem Kopf schlagen. Das gibt Kopfschmerzen. Wer unaufrichtig mit seiner Schuld umgeht, betrügt sich selbst. Alle Rechtfertigung ist dann Selbstrechtfertigung. Man fertigt sein Recht selbst; ist nicht bereit, sich einzugestehen und anderen zu gestehen: Ja, ich bin schuldig geworden. Das Ego will dieses Eingeständnis nicht zulassen. Wieviel Kraft geht dadurch verloren, weil man es billiger haben will. Man tut so »als ob«; als wäre nichts geschehen. Und wundert sich, wenn man nicht zur Ruhe kommt. Schuld will vergeben sein, von Menschen und von Gott! Dann kommt Frieden ins Herz. Man kann aufatmen. Sein Leben neu gestalten.

Das erkennt Jakob. Er spürt: Irgendwie muss ich mit meinem Bruder in Ordnung kommen. Doch noch ist er nicht bereit, aus diesem Wissen seiner Erkenntnis Konsequenzen zu ziehen. Auch jetzt trifft er nach alter Manier Vorsorge. Er versucht es mit List und Taktik. Natürlich den eigenen Vorteil suchend. Er macht seinem Bruder, der ihm mit einem Heer von 400 Mann entgegenzieht, ein handgreifliches Versöhnungsangebot, indem er ihm die besten Tiere aus seinen Herden als Geschenk entgegenschickt. Doch sein Bruder lässt sich davon nicht beeindrucken. Auch nicht davon, dass ihn Jakob »mein Herr« nennt und damit signalisiert: Ich habe dir Unrecht getan. Esau reagiert nicht wie Jakob es erwartet hat. Mit Geschenken kann man keine Vergebung erkaufen. Schuld muss beim Namen genannt werden, damit Vergebung Vergebung werden kann.

Jakobs Gebet

Jakob bekommt eine Heidenangst. Was mache ich nur, wenn es zum Kampf kommt? Jakob macht das Beste, was man tun kann, wenn man in eine Krise kommt. Er will Gott zu seinem Bundesgenossen gewinnen. Er macht aus seinen Gedanken und Gefühlen ein Gebet. Dieses Gebet hat bis heute an Aktualität nichts verloren. Jakob erkennt beim Nachdenken über sein Leben, dass er viel zu gering ist für all die Treue und Barmherzigkeit, mit der Gott ihm bisher, trotz seiner Schuld begegnet ist. Wie gnädig ist er mit ihm umgegangen. Er hätte ihm den Abschied geben können, aber er tat es nicht. Arm ist er von zu Hause geflohen; über die Maßen reich ist er auf dem Weg nach Hause.

Jakob betet: »Der du zu mir gesagt hast: Zieh wieder in dein Land und zu deiner Freundschaft, ich will dir wohl tun! — ich bin zu gering aller Barmherzigkeit und Treue, die du an deinem Knecht getan hast, denn ich hatte nicht mehr als diesen Stab, als ich über diesen Jordan ging, und nun bin ich zwei Heere geworden. Errette mich aus der Hand meines Bruders« (1. Mose 32, 12 ff.).

Jakob bittet Gott um Hilfe, obwohl er seine Schuld ihm gegenüber bisher noch nicht wirklich eingestanden hat. Nach diesem Gebet handelt er. Er trifft Vorsorge. Er teilt seine Familien und sein Gesinde ebenso wie sein Hab und Gut, seine Herden in zwei Gruppen auf. Geht es mit einer schief, kann er den Rest ins Trockene bringen, denkt er. Immer noch ist er der Alte. Er denkt, ich tue dies und das und Gott wird schon seinen Segen dazu geben. Doch so läuft es nicht. Nachdem Jakob seinen Plan verwirklicht und alles über den Fluss Jabbok gebracht hat, kehrt er zurück. Wir lesen den vielsagenden Satz: »Er blieb allein!« Was mögen alles für Gedanken durch seinen Kopf, durch sein Herz gegangen sein?

Jakobs Kampf

Jakob ist allein mitten in der Nacht — mit sich und mit Gott. Wer kennt sie nicht, diese einsamen Nachtstunden, in denen ein Ringen einsetzt. Da einen das eigene Herz verklagt. Wo Vergangenheit und Zukunft in der Gegenwart zu einem Engpass werden. Wo man sich vorkommt, als würde man von einem »Jemand« überfallen. Diese dunklen Stunden können einem schwer zu schaffen machen. Es sind die Stunden der Einsamkeit. Da tobt der Kampf in einem. Da wird gegen einen gestritten. Ja, es streitet in einem selbst. Solche Kämpfe muss jeder für sich allein ausfechten. Von Jakob lernen wir, was in solchen Stunden der Anfechtung wesentlich ist: bei Gott bleiben. Mit ihm ins Gespräch kommen. Sich an ihn klammern. Auch wenn er mit Recht gegen einen ist; auch wenn er einen verdammten, die Gemeinschaft aufkündigen will, ihn nicht loslassen. Es kommt zu einem Kampf. Wir lesen: »Da führte ein Mann einen Ringkampf mit ihm bis zum Beginn der Morgenröte.«

Gott stellt sich Jakob in den Weg. »So geht es nicht weiter. Du kannst nicht so tun, als wäre alles in Ordnung und von mir erwarten, dass ich dich segne, dir nach Geist, Seele und Leib weiterhin wohl tue. Doch du selbst änderst dich nicht.« Jakob erlebt in dieser Nacht, dass man an Gott zerbrechen kann. Dass Gott auch der Fremde, Geheimnisvolle ist, der in die Offensive geht, angreift. Jakob erkennt, dass er schuldig ist an Gott und Menschen. Er hat versagt. Gesündigt. Sein Leben nicht geändert, obwohl Gott ihm all die Jahre in Liebe und Treue, mit Gnade und Barmherzigkeit begegnet ist. Gott hat ihn trotzdem reich beschenkt. Ihm Gesundheit gegeben, Freude an und mit seiner Familie, Erfolg im Beruf. Er ist nicht mit ihm umgegangen, wie er es verdient hat. Doch Jakob hat nicht verstanden, dass Gottes Zuwarten mit der verdienten Strafe kein Ja zu seinem bisher eigenwilligen Verhalten ist, sondern gnädiges Zurückhalten der verdienten Strafe. Gottes Güte wollte ihn zum Umdenken, zur Umkehr bewegen. »Weißt du nicht, dass dich Gottes Güte zur Buße leiten will« (Röm 2, 4). Er dankt zwar Gott für die empfangenen Wohltaten, aber sein Verhaltensmuster ändert sich nicht. Er lebt weiter wie bisher. Doch da macht Gott nicht mehr mit. Er stellt sich ihm in den Weg.

Jakob erinnert sich an Gottes Zusagen

Jakob weiß, er kann zu seiner Rechtfertigung nichts vorbringen. Er hat versagt, sich nicht gebessert, kein neues Leben begonnen, sondern nach dem alten Muster sich immer wieder verhalten; sein Leben mit List und Tücke gestaltet, seinen Vorteil gesucht, andere ausgenutzt, betrogen, auch gebetet und dann doch gemacht, was er wollte. Das alles kommt ihm in den Sinn, geht ihm durchs Herz, als ihn sein Gegenüber nach seinem Namen fragt, Jakob. Er erkennt mit Schrecken: Ich habe keine guten Karten bei diesem Kampf. Ich kann nichts vorweisen, das für mich spricht. Aber an noch etwas anderes erinnert sich Jakob in dieser Situation auch, nämlich dass Gott einen Bund mit ihm gemacht hat; dass er von Gott, obwohl verdammungs- und strafwürdig, Zusagen, Verheißungen bekommen hat. Darauf verlässt er sich jetzt. Diese bringt er in den Kampf ein; nicht mehr seine Schlauheit, seine Durchtriebenheit, seine Selbstrechtfertigung, seine List. Nein, nun geht es um das Gott vertrauende Denken gegen den Augenschein, ob sein Glaube in dieser Bedrängnis sich bewährt. Alles spricht zwar gegen ihn. Doch die Zusagen Gottes, ihn nicht zu verlassen, ihn zu segnen, ihm zu helfen, sprechen für ihn. Das reklamiert Jakob bei Gott. Das hält er Gott vor: Ja, ich bin schuldig, ja das stimmt; du hast Recht — aber du hast mir versprochen, mich und meine Nachkommen zu seg- nen. Du hast mir dein Wort gegeben, mich zu führen, mein Gott zu sein und zu bleiben. Du hast dich an dein Wort gebunden. Du kannst nicht wortbrüchig werden. Ich lasse dich nicht los. Bitte halte dein Wort. Lass Gnade im Recht ergehen. Als sein Gegner merkt, dass er Jakob nicht besie- gen kann, dass dieser ihn nicht loslässt, schlägt er ihm auf die Gelenkpfanne seiner Hüfte. Da wird das Hüftgelenk Jakobs ausgerenkt. Der Gegner will sich entfernen: »Lass mich gehen, denn die Morgenröte steigt auf!« Aber Jakob antwortet: »Ich lasse dich nicht, es sei denn, du segnest mich!« Darauf der andere: »Wie heißt du?« Er antwortete: »Jakob!« Jener fährt fort: »Du sollst nicht mehr Jakob hei- ßen, sondern Israel, Gottesstreiter; denn du hast mit Gott gekämpft und hast einen Sieg erstritten.« Und Jakob fragt ihn: »Sag' mir auch deinen Namen.« Er aber fragt ihn: »Warum fragst du, wie ich heiße?« Und er segnet ihn daselbst. Jakob nennt den Ort Pniel, denn ich habe Gott von Angesicht zu Angesicht gesehen, und mein Leben ist doch erhalten geblieben, meine Seele ist genesen. Da geht die Sonne auf (1. Mose 32, 25-30).

Jakob — ein besiegter Sieger

Der starke, gesunde, erfolgreiche Mann wird plötzlich zu einem Krüppel. Äußerlich auf dem Höhepunkt seiner Laufbahn ist er ein Gezeichneter. Doch er gibt nicht auf. Er hinkt in das Morgenrot hinein. Dieser Schicksalsschlag verändert Jakobs Leben nicht negativ. Er ist zwar besiegt. Gott ist für ihn, indem er gegen ihn ist. Jakob ist ein besiegter Sieger. Er bekommt einen neuen Namen, sozusagen eine neue Identität; Israel, das heißt Gottesstreiter. Zeichen, Ausdruck dafür, dass Gott wirklich nicht mit ihm umgeht, wie er es verdient hat, sondern Gnade im Recht ergehen lässt. Jakob muss nicht aufgeben. Er darf aufstehen, sein Leben neu beginnen. Am Ende der Nacht siegt die Gnade. Obwohl gezeichnet durch das ausgerenkte Gelenk, ist Jakob ein neuer Mensch; ein Gesegneter. Segen, das ist nicht nur ein Wort, das ist ein Geschehen, das einen alten Tatbestand ändert und einen neuen Tatbestand schafft. Der neue Name dokumentiert das neue Sein. Jakob lebt nun in ungetrübter Gemeinschaft mit Gott. Die Sünde des Luges und Truges, der Eigenwilligkeit ist ihm vergeben. Sie trennt ihn nicht mehr von seinem Gott. Mit dem neuen Namen beginnt ein neues Leben. Das zeigen dann auch die folgenden Kapitel im 1. Mosebuch. Eine neue Beziehung zu Gott hat immer auch eine neue Einstellung zum Nächsten zur Folge. Jakobs Beziehung zu seinem Bruder Esau kommt unter die Vergebung. Sie können sich ins Angesicht schauen als sie sich dann später begegnen. Es kommt zu keinem Streit, sondern zu einer herzlichen Versöhnung; sie sprechen die Worte der Vergebung (1. Mose 33, 1-11).

Unser gottvertrauendes Aber

Wir können also von Jakob lernen: Wenn ich in Nachtstunden meines Lebens denke, mir geht es an den Kragen und mein Gegenüber will sich meinem Zugriff, meiner Bitte, mich zu segnen, entziehen, will mich verlassen, dann will ich das vereiteln, indem ich das gottvertrauende »Aber« spreche, das auch Jakob sprach: »Er aber sprach: Ich lasse dich nicht, du segnest mich denn!« Damit gebe ich zu: »Du, Herr, hast Recht, wenn du dich mir in den Weg stellst; aber wenn du von mir weggehen willst, dann lasse ich dich nicht, du segnest mich denn.« Ich darf für mich in Anspruch nehmen: Hinter Gottes Widerstand verbirgt sich seine Liebe! Seine Liebe zu mir ist so groß, dass er Jesus für mich in diese Welt gesandt hat, um mich zu segnen; für Gott mit Beschlag zu belegen. Mir zu sagen: Ich habe dich bei deinem Namen gerufen. Ich achte dich wert und habe dich lieb. Du bist mein! Auch du bist ein Mensch der Verheißung! Darauf verlasse ich mich. Jesus sagt: »Meine Schafe hören meine Stimme, und ich kenne sie; und sie folgen mir, und ich gebe ihnen das ewige Leben; und sie werden nimmermehr umkommen, und niemand wird sie aus meiner Hand reißen« (Joh 10, 27.28). Das ist nicht nur eine Verheißung. Das ist eine Zusage, Tatsache, Erfüllung. Und daher darf sie Erfahrung für mich werden. Ich kann mich darauf gründen mit meinem Glauben. Sie in Anspruch nehmen. Sie erleben und leben. Auch ich bekomme einen neuen Namen. Ich trage mit Recht den Namen dessen, der mich überwunden hat, den Namen von Jesus Christus. Ich darf mich Christ nennen. Durch

Jesus bin ich ein Kind Gottes. Ich bin nicht mehr nur sein Geschöpf; nein, Kind Gottes! Ich bin ein neuer Mensch, der Vergebung angenommen hat und Vergebung austeilen kann. Paulus sagt es so: »Ist jemand in Christus, dann ist er eine neue Kreatur. Das Alte ist vergangen. Ein ganz Neues hat begonnen« (2. Kor 5, 17). Auch für mich heißt es dann: »Da ging ihm die Sonne auf und seine Seele ist genesen!«

Wachsen — Reifen — Frucht tragen

Dass es im Glaubensleben des Christen um einen Wachstumsprozess geht, muss immer wieder betont werden. Denn bei vielen besteht die Meinung: Durch meine Wiedergeburt und Bekehrung ist nun »alles neu geworden«, ich bin als Christ sozusagen »fertig«.

Für solches Denken werden nicht selten auch Bibelworte als Beleg herangezogen, so z. B. das Wort des Apostel Paulus: »Ist jemand in Christus, so ist er eine neue Kreatur; das Alte ist vergangen, siehe, Neues ist geworden (oder: es ist alles neu geworden)« (2. Kor 5, 17).

Dieses Neuwerden soll nicht infrage gestellt werden. Es ist zur persönlichen Erfahrung geworden. Durch den Anspruch und Zuspruch des Evangeliums von Jesus Christus, durch das Bekenntnis der Schuld vor Gott, und wenn nötig auch vor Menschen, und durch die Inanspruchnahme der in Jesus Christus geschenkten Vergebung ist der Gott Vertrauende unter den Einfluss eines neuen Geistes, des Geistes Gottes, gekommen. Dadurch ist eine Leben spendende Gemeinschaft mit Gott entstanden. Doch »alles neu geworden« eben nicht in dem Sinne, dass der Christ nun keine Probleme mehr zu bewältigen habe, kein Leid zu tragen, keine Spannungen auszuhalten, keine Enttäuschungen mehr zu bestehen habe, nicht mehr schuldig werde — in dem Sinne ist nicht »alles neu geworden«!

Wer so denkt, erfährt oftmals eine große Verunsicherung, denn er hat nach wie vor, ja jetzt eigentlich erst recht, gegen die Sünde zu kämpfen. Diese Verunsicherung kann gehen bis hin zu der Frage: »Bin ich vielleicht gar kein Christ?« Daher ist es hilfreich, sich klarzumachen, dass Christsein sich in dem Spannungsfeld ereignet, das jemand einmal so formuliert hat: »Ein Christ ist grenzenlos glücklich und hat immer Probleme.«

Uns kann das bereits zitierte Pauluswort helfen, diese Spannung fruchtbar werden zu lassen, wenn wir zur Kenntnis nehmen, wie es im Grundtext steht. Dort heißt es nämlich nicht: »... es ist alles neu geworden«, sondern: »... ein (ganz) Neues hat begonnen.« Die neueste Lutherübersetzung schreibt: »Neues ist geworden.« Das heißt: Der Wiedergeborene, der zu Gott Bekehrte, hat Gemeinschaft mit Gott; er lebt nicht mehr gott-los; er ist nicht mehr allein gelassen, auf sich selbst geworfen. Jesus Christus ist sein Heiland und Herr geworden. Ihm, der Weg und Ziel ist und kennt, der die Wahrheit ist und in alle Wahrheit — auch über uns selbst — führt, kann er sich vertrauensvoll anschließen; er kann sich verlassen und in Jesu Nachfolge das Christsein lernen. Wer dies bewusst tut, wird vor tief greifenden Enttäuschungen bewahrt, wenn Zweifel kommen, Anfechtungen zu bestehen sind, schwere Wegführungen und Niederlagen im Kampf gegen die Sünde zu schaffen machen. Denn auch das gehört zum Christsein!

Nicht, dass ich in der Nachfolge Jesu versage, ist deprimierend, sondern wenn ich über dem Versagen verzage und es mit Jesus nicht neu wage! Man kann es nicht genug betonen: Christsein ist Wachsen, ist Reifen auf die Vollendung hin, während wir Frucht tragen.

Halten wir einen ersten Leitsatz fest:

Durch meine Wiedergeburt und Bekehrung bin ich ein neuer Mensch geworden und bleibe doch ein Sünder, aber ein begnadigter.

In und durch Jesus Christus bin ich gerecht, d. h. richtig, vor Gott geworden und habe Frieden mit ihm gefunden. Paulus sagt es so: »Da wir nun gerecht geworden sind durch den Glauben, haben wir Frieden mit Gott durch unseren Herrn Jesus Christus; durch ihn haben wir auch den Zugang im Glauben zu dieser Gnade, in der wir stehen, und rühmen uns der Hoffnung der zukünftigen Herrlichkeit, die Gott geben wird« (Röm 5, 1-2). — Aber, wie bereits gesagt: Ich bin nach wie vor ein Sünder, ein begnadigter Sünder!

Ein Vergleich kann das noch deutlicher machen: Wenn ein Alkoholiker »trocken« geworden ist, also nicht mehr trinkt, dann bleibt er doch Alkoholiker, aber er ist »trocken«, solange er abstinent lebt. So ähnlich ist das mit dem Sünder:

Er bleibt Sünder, aber solange er »in Christus« bleibt, also das, was Jesus Christus für ihn am Kreuz von Golgatha vollbracht hat, für sich persönlich in Anspruch nimmt, ist er begnadigter Sünder und damit »in Christus« richtig vor Gott. Er hat Teil am Sieg Jesu. Paulus sagt es so: »Gott aber sei Dank, der uns den Sieg gibt durch unseren Herrn Jesus Christus!« (1. Kor 15, 57).

Wie sieht nun dieses »in Christus bleiben« aus, das Teilhaben an seinem Sieg? Betrachten wir hierzu den Text aus dem Johannesevangelium, Kapitel 15, die Verse 1-8. Jesus sagt dort:

»Ich bin der wahre Weinstock, und mein Vater der Weingärtner. Eine jede Rebe an mir, die keine Frucht bringt, wird er wegnehmen; und eine jede, die Frucht bringt, wird er reinigen, dass sie mehr Frucht bringe. Ihr seid schon rein um des Wortes willen, das ich zu euch geredet habe. Bleibt in mir und ich in euch. Wie die Rebe keine Frucht bringen kann aus sich selbst, wenn sie nicht am Weinstock bleibt, so auch ihr nicht, wenn ihr nicht in mir bleibt. Ich bin der Weinstock, ihr seid die Reben. Wer in mir bleibt und ich in ihm, der bringt viel Frucht; denn ohne mich könnt ihr nichts tun. Wer nicht in mir bleibt, der wird weggeworfen wie eine Rebe und verdorrt, und man sammelt sie und wirft sie ins Feuer, und sie müssen brennen. Wenn ihr in mir bleibt und meine Worte in euch bleiben, werdet ihr bitten, was ihr wollt, und es wird euch widerfahren. Darin wird mein Vater verherrlicht, dass ihr viel Frucht bringt und werdet meine Jünger.«

An diesem Bild des Weinstocks und der Rebe wird uns deutlich gemacht, was das »in Christus bleiben« meint. Uns wird gesagt: Ein Christ wird, ist und bleibt ein Christ, wenn »er sich verlässt«, wenn er Jesus Christus uneingeschränkt vertraut – also in ihm bleibt in allen Lebenslagen – und seinem Wort gehorcht, es also hört und tut.

Dieses Bleiben bringt Frucht. Im Galaterbrief, Kapitel 5, 22, zählt Paulus solche Frucht auf: »Die Frucht aber des Geistes ist Liebe, Freude, Friede, Geduld, Freundlichkeit, Güte, Treue, Sanftmut, Keuschheit«, und fügt hinzu: »Wenn wir im Geist leben, so lasst uns auch im Geist wandeln« (V. 25).

Das führt uns zu unserem zweiten Leitsatz:

Durch meine Wiedergeburt und Bekehrung bin ich ein Jünger Jesu geworden und werde doch erst ein Jünger Jesu.

Auch diesen Satz will ich mit einem Beispiel erklären: Wenn ein Mensch geboren ist, *ist* er ein Mensch und *wird* doch erst noch einer im umfassenden Sinne. Er wächst heran, lernt gehen, essen, sprechen, sich richtig verhalten, richtig reagieren, seine Persönlichkeit wächst und reift. Er lernt, Entscheidungen richtig zu treffen, sich Schwierigkeiten zu stellen, Beziehungen zu knüpfen, sie zu pflegen, aber auch sie zu beenden usw. Ganz ähnlich verhält es sich auch beim Menschen, der wieder geboren ist, der sich bekehrt hat. Er ist ein Christ und wird doch erst noch ein Christ. Er lernt in der Jesusnachfolge, sich schriftgemäß zu verhalten, wann er zu reden, wann er zu schweigen, wie er zu reagieren, was er zu tun und was er zu lassen hat. Und er kann das nur lernen, wenn er »in Christus« bleibt, also sich intensiv mit Gottes Wort befasst und danach tut. Dann werden Gottes Geist und sein Wort Leben spendende Kraft in ihm sein. Er wächst in seine Identität als Kind Gottes hinein. Er erlebt, was im Johannesevangelium, Kapitel 1, Vers 12, so gesagt wird: »Wie viele ihn (Jesus) aber aufnahmen, denen gab er Macht, Gottes Kinder zu werden, denen die an seinen Namen glauben.« Es geht also um ein »sich aufmachen« in doppeltem Sinne: sich öffnen, aufmachen für Gottes Wort und Geist und sich dann diesem Wort und Geist gemäß auf den Weg machen, Jesus nach!

Unser dritter Leitsatz lautet also:

Durch meine Wiedergeburt und Bekehrung hat sich Gott grundsätzlich für mich und ich habe mich für Jesus Christus entschieden, und doch habe ich mich täglich neu für ihn zu entscheiden.

Der Fort-Schritt in der Nachfolge Jesu – das Wachsen, Reifen, Fruchttragen – hängt also von der Art und Weise ab, wie wir »in ihm bleiben«. Durch die Glaubensverbindung mit Jesus, unserem Heiland und Herrn, wirkt der Heilige Geist in uns, haben wir Anteil am Leben Gottes bekommen. Jesus sagte es so: »Wer an den Sohn glaubt, der hat das ewige Leben« (Joh 3, 36). Wir werden Jesus ähnlicher und ehren damit Gott, je konsequenter wir uns an sein Wort halten und es tun.

Wie das neue Leben mit einem Akt des Empfangens beginnt, so wächst es durch ständiges Nehmen. Zu diesem Nehmen muss ich mich aber täglich neu entscheiden. Lassen wir uns in diesem Zusammenhang erinnern an die Bergpredigt Jesu (vgl. Mt 5-7): das Vaterunser, das Gebet, das Geben und Verzichten, das rechte und falsche Sorgen, den Umgang mit Geld und Gut, Vergeben und Segnen, die Frage nach den Prioritäten in unserem Leben, was an erster Stelle steht ...

An unserer gelebten Liebe entscheidet sich — nach Jesu Worten — unsere Nachfolge, an unserem Tun und Lassen. Will ich leben lernen, wie Jesus mir das Leben vorgelebt hat, lieben lernen, wie er geliebt hat und liebt — er hat immer zuerst geliebt und nie gefragt: was kommt dabei für mich heraus? —, vergeben lernen, wie er vergeben hat und vergibt? Ich kann es ja nur lernen, wenn ich »in ihm bleibe«, also seine Liebe, sein Vergeben für mich selbst in Anspruch nehme. Dann kann ich lieben lernen wie er, weil ich von ihm geliebt bin; dann kann ich vergeben lernen wie er, weil er mir vergibt.

Dies führt uns zu unserem vierten Leitsatz:

Durch meine Widergeburt und Bekehrung hat ein neues Leben in mir begonnen, das täglich in mir erneuert wird.

Es geht also beim Wachsen, Reifen, Fruchttragen um »das Bleiben in Christus«. Das hat mit Beständigkeit zu tun, mit Einüben. So lesen wir von den ersten Christen: »Sie blieben aber beständig in der Lehre der Apostel und in der Gemeinschaft und im Brotbrechen und im Gebet« (Apg 2, 42).

Dieses Bleiben beinhaltet ebenso Empfangen wie Geben. Das Beten ist z.B. ein Empfangen, denn wir bekommen dadurch zweifellos Gottes Gnade und Kraft für unser Leben; aber es ist auch ein menschliches Tun, das Ordnung und Disziplin erfordert; wer nur betet, wenn er Lust dazu hat, wird wahrscheinlich ziemlich selten beten. Ähnliches gilt auch für das Bibellesen und für die Gemeinschaft mit Christen, für das Miteinander-Feiern des Abendmahls und die Inanspruchnahme von Vergebung. Da sind unsere Bereitwilligkeit und Eigenverantwortung gefragt, unser Bleiben, unser Üben, unsere Beständigkeit.

Oder nehmen wir das persönliche Bezeugen des Glaubens: Es ist einerseits ein gehorsames Tun des Christen, aber es ist gleichzeitig jedoch ein Weg, auf dem wir mehr Glaubenskraft empfangen. Das gilt letztlich für jedes Gebiet des christlichen Lebens. Wir haben es mit Gottes und des Menschen Handeln zugleich zu tun. Wir sind sowohl Beschenkte als auch Handelnde. Diese Spannung will fruchtbar werden im Tun. Das gilt gerade auch für Zeiten der Anfechtung, des Zweifels, des Kämpfens. Wenn wir uns in ihnen zu Gott halten, sind wir die Gehaltenen, und das lässt zugleich unseren Glauben, unser Gottvertrauen reifen. Bewährung sollte immer gleichwertig mit Bewahrung gesehen werden. Wer nur bewahrt werden will, erlebt nicht, was Paulus im Römerbrief so beschreibt: »Wir rühmen uns auch der Bedrängnisse, weil wir wissen, dass Bedrängnis Geduld bringt, Geduld aber Bewährung, Bewährung aber Hoffnung, Hoffnung aber lässt nicht zuschanden werden; denn die Liebe Gottes ist ausgegossen in unsere Herzen durch den heiligen Geist, der uns gegeben ist« (Röm 5, 3-5).

Diese kleinen Wörtchen »aber« sind wie Kulminationspunkte, Stabilisierungsfaktoren, für eine nächste Wachstums- und Reifephase: »Bedrängnis bringt Geduld; Geduld *aber* bringt Bewährung; Bewährung *aber* bringt Hoffnung; Hoffnung *aber* lässt nicht zuschanden werden …« Wenn es um »mehr Glauben« geht, also um das Wachsen, Reifen und Fruchttragen in der Jesusnachfolge, kann es letztlich gar nicht ohne Anfechtung, Prüfung, Herausforderung unseres Gottvertrauens gehen, denn nur darin kann es wachsen, reifen und Frucht tragen!

Wo wir dies erleben, bekommen wir auch einen ganz anderen, einen neuen Zugang zum Fruchttragen, mit der Betonung auf dem »Tragen«. Da wird manche Last wertvoll, weil sie Frucht aus Bedrängnis, Geduld, Wartenlernen, Hoffnung ist. Wir verstehen andere Angefochtene besser, werden barmherziger im Umgang mit ihnen, nachsichtiger, liebevoller … Doch solche Erfahrungen können wir nur sammeln, wenn wir uns wirklich immer wieder klarmachen, dass unser Christsein nicht etwas Abgeschlossenes ist, sondern ein Wachstums- und Reifeprozess, in dem wir stehen; ein sieghaftes Unterwegssein zum Ziel, zur Vollendung, zur Ewigkeit.

Damit kommen wir zu unserem fünften Leitsatz:

*Durch meine Wiedergeburt und Bekehrung habe ich ein »neues Kleid« geschenkt bekommen, und doch werde ich immer wieder auf*gefordert, das »alte Kleid« auszuziehen und das »neue Kleid« anzuziehen.

Mit dem Bild vom »Kleid« (Mt 22, 11; Lk 15, 22; Offb 3, 4.5.18; 6.11; 7, 9.14; 16, 15; 19, 13) macht die Bibel deutlich, dass durch Jesu Sterben und Auferstehen alle meine Sünden abgewaschen sind, dass ich rein bin. Und doch mache ich mich auf dem Weg der Nachfolge Jesu immer wieder schmutzig, weil ich in Sünde falle (1. Joh 1), wenn ich z. B. lüge, stehle, falsch Zeugnis rede, neidisch bin, Gott nicht die erste Stelle in meinem Leben zugestehe ... (2. Mose 20, 1-17).

Paulus betont daher im Kolosserbrief: »... denn ihr habt den alten Menschen mit seinen Werken ausgezogen ... und den neuen angezogen, der erneuert wird zur Erkenntnis nach dem Ebenbilde dessen, der ihn geschaffen hat ... So zieht nun an als die Auserwählten Gottes, als die Heiligen und Geliebten, herzliches Erbarmen, Freundlichkeit, Demut, Sanftmut, Geduld; und ertrage einer den andern und vergebt euch untereinander, wenn jemand Klage hat gegen den anderen; wie der Herr euch vergeben hat, so vergebt auch ihr! Über alles aber zieht an die Liebe, die da ist das Band der Vollkommenheit. Und der Friede Christi, zu dem ihr auch berufen seid in einem Leibe, regiere in euren Herzen; und seid dankbar! Lasst das Wort Christi reichlich unter euch wohnen: lehrt und ermahnt einander in der Weisheit; mit Psalmen, Lobgesängen und geistlichen Liedern singt Gott dankbar in euren Herzen. Und alles, was ihr tut mit Worten oder mit Werken, das tut alles im Namen des Herrn Jesus und dankt Gott, dem Vater, durch ihn« (Kol 3, 9.10.12-17, vgl. Eph 4, 24).

Ich brauche also nicht die »weiße Weste« über die schmutzige zu ziehen. Nein, ich darf den »alten Menschen« immer wieder ausziehen und den »neuen Menschen« anziehen, weil das Blut Jesu Christi rein macht von aller Sünde (1. Joh 1, 7), von allem Schmutz, gleich welchen Namens. Ich erlebe Vergebung, Versöhnung.

Daher heißt der sechste Leitsatz:

Durch meine Wiedergeburt und Bekehrung bin ich be-

reits Bürger des Himmels, auch wenn ich noch auf Erden wohne.

Im Johannesevangelium sagt Jesus einerseits (Joh 17, 11): »... sie aber sind in der Welt« (gemeint sind seine Nachfolger). Andererseits stellt Paulus im Epheserbrief fest: »So seid ihr nun nicht mehr Gäste und Fremdlinge, sondern Mitbürger der Heiligen und Gottes Hausgenossen« (2, 19). Diese Spannung des »noch nicht« und »doch schon« macht unser Leben als Nachfolger Jesu aus. Diese Spannung will unser Leben fruchtbar machen. Unsere Namen sind im Buch des Lebens eingeschrieben (vgl. Lk 10, 20; Phil 4, 3), wir haben Erbansprüche, haben teil am ewigen Leben, am Leben Gottes, weil wir Kinder Gottes sind. Mit diesem Wissen können wir anders leben als mit Ungewissheit im Herzen. Wir haben ein Ziel vor Augen, für das zu leben sich lohnt. Der Blick auf dieses Ziel gibt uns die Kraft, den Weg zum Ziel unter die Füße zu nehmen, getrost und zuversichtlich. Wir »über-sehen« – in gutem Sinne, nicht ignorieren – die Leiden dieser Zeit. Wir schauen über sie hinweg auf das Ziel, auf die ungetrübte Gemeinschaft mit Gott in der Ewigkeit. Wir haben »ewiges Leben«, und wir gehen auf »das ewige Leben« zu, von dem es in der Offenbarung heißt: »Siehe da, die Hütte Gottes bei den Menschen! Und er wird bei ihnen wohnen, und sie werden sein Volk sein, und er selbst, Gott mit ihnen, wird ihr Gott sein; und Gott wird abwischen alle Tränen von ihren Augen, und der Tod wird nicht mehr sein, noch Leid noch Geschrei noch Schmerz wird mehr sein; denn das Erste ist vergangen. Und der auf dem Thron saß, sprach: Siehe, ich mache alles neu! ... Wer überwindet, der wird es alles ererben, und ich werde sein Gott sein, und er wird mein Sohn sein« (Offb 21, 3 - 5.7). Lassen wir uns von Paulus ermutigen im Blick auf unsere Jesusnachfolge, unser Wachsen, Reifen und Fruchttragen; er ist überzeugt, »dass dieser Zeit Leiden nicht ins Gewicht fallen gegenüber der Herrlichkeit, die an uns offenbar werden soll« (Röm 8, 18).

Ein Lied von Benjamin Schmolk drückt das bisher Gesagte gut aus:

1. Nicht der Anfang, nur das Ende krönt des Christen Glaubensstreit. Ach getreuer Gott, vollende meinen Lauf in dieser Zeit! Hab ich dich einmal erkannt, so verleih mir auch Bestand, dass ich, bis ich einst erkalte, Glauben, Lieb und Hoffnung halte.

2. Lass mich einem Felsen gleichen, der in Sturm und Wellen steht; lass mich nicht zurückeweichen, wenn mich Not und Tod umfäht. Sei mein Anker, der nicht bricht, sei mein Stern und helles Licht, dass ich nie von dir mich scheide und am Glauben Schiffbruch leide.

3. Es ist gut, ein Christ zu werden, besser noch, ein Christ zu sein; doch den besten Ruhm auf Erden gibt der Herr nur dem allein, der ein Christ beständig bleibt und bis an sein Ende gläubt; solchen wird mit ew'gen Kronen Christus droben einst belohnen.

4. Lass mich halten, was ich habe, dass mir nichts die Krone nimmt. Es ist deines Geistes Gabe, dass mein Glaubensdocht noch glimmt. Lösche nicht dies Fünklein aus, mach ein helles Feuer d'raus; lass es ungestöret brennen, dich vor aller Welt bekennen.

5. Du hast meinen Grund geleget; Jesus, der mein Eckstein ist, wird durch keine Macht beweget, ihn verrücket keine List. Lass mich fest auf ihm bestehn, nimmermehr zugrunde gehn, wenn sich Macht und List bemühen, mich von Christus abzuziehen.

6. Jesu, hilf mir dir anhangen, wie das Schaf am Hirten hängt, stets im Glauben dich umfangen, wie mich deine Gnad umfängt. Kommt es dann zur letzten Not, so versiegle mir im Tod, was ich dir geglaubt auf Erden, und lass es zum Schauen werden.

Benjamin Schmolck, 1672-1737

hänssler

Weitere Bücher von Kurt Scherer

Auf zu neuen Ufern
Tb., 144 S.
Nr. 393.349, ISBN 3-7751-3349-6
Der Herr, mein Hirte
Gb., 66 S.
Nr. 393.507, ISBN 3-7751-3507-3
Heute mit Gott leben
Gb., 48 S.
Nr. 393.073, ISBN 3-7751-3073-X
Mein Gott, mein Gott, warum
Tb., 160 S.
Nr. 70.409, ISBN 3-7751-0380-5
Vergebung — das zentrale Problem
Pb., 132 S.
Nr. 055.373, ISBN 3-7751-0766-5
Von Jesus Seelsorge lernen
Tb., 200 S.
Nr. 393.263, ISBN 3-7751-3263-5
Wenn die Seele nicht mehr singt
Pb., 200 S.
Nr. 392.453, ISBN 3-7751-2453-5

Bitte fragen Sie in Ihrer Buchhandlung nach diesen Büchern!
Oder schreiben Sie an den Hänssler Verlag,
D-71087 Holzgerlingen.